DEN ELEGANTE SUSHI SKÅL HÅNDBOG

100 skålfulde af glæde for at forbedre din Sushi Skål-oplevelse

Susanne Jönsson

Copyright materiale ©2024

Alle rettigheder forbeholdes

Ingen del af denne bog må bruges eller transmitteres i nogen form eller på nogen måde uden korrekt skriftligt samtykke fra udgiveren og copyright-indehaveren, bortset fra korte citater brugt i en anmeldelse. Denne bog bør ikke betragtes som en erstatning for medicinsk, juridisk eller anden professionel rådgivning.

INDHOLDSFORTEGNELSE _

INDHOLDSFORTEGNELSE _ 3
INTRODUKTION 7
DEKOSTRUKTEREDE SUSHI SKÅLE 8
   1. DEKONSTRUERET CALIFORNIEN RULLE SUSHI SKÅL 9
   2. DEKONSTRUERET KRYDRET TUNSUSHI SKÅL 11
   3. DEKONSTRUERET TRÆKKE PÅ RULLE SUSHI SKÅL 13
   4. DEKONSTRUERET KRYDRET LAKS SUSHI SKÅL 15
   5. DEKONSTRUERET REGNBUE RULLE SUSHI SKÅL 17
   6. DEKONSTRUERET REJER TEMPURA SUSHI SKÅL 19
   7. DEKONSTRUERET PHILLY RULLE SUSHI SKÅL 21
   8. DEKONSTRUERET DYNAMIT RULLE SUSHI SKÅL 23
   9. DEKONSTRUERET VEGGIE RULLE SUSHI SKÅL 25
FISK OG SKÅDSMÅD SUSHI SKÅLE 27
   10. KAISEN (FRISK SASHIMI PÅ EN SKÅL MED RIS) 28
   11. RØGET MAKREL CHIRASHI 30
   12. OYAKODO (LAKS OG LAKSEROGN) 32
   13. KRYDRET HUMMER SUSHI SKÅL 34
   14. TUN MED AVOCADO SUSHI SKÅL 36
   15. FRISK LAKS OG AVOCADO SUSHI SKÅL 38
   16. LAKS MED AVOCADO OG SESAMFORBINDING 40
   17. DYNAMIT KAMMUSLING SUSHI SKÅL 42
   18. DRAGEFRUGT OG LAKS SUSHI SKÅL 44
   19. TUNA SUSHI SKÅL S MED MANGO 46
   20. KRYDRET TUN SUSHI SKÅL 48
   21. SHOYU OG KRYDRET MAYO LAKS SUSHI SKÅL 50
   22. CALIFORNIEN IMITERET KRABBESUSHI SKÅL S 53
   23. KRYDRET KRABBE SUSHI SKÅL S 55
   24. CREMET SRIRACHA REJER SUSHI SKÅL S 58
   25. BRÆNDT TUN SUSHI SKÅL S 61
   26. SUSHI SKÅL MED REJER OG ANANAS 63
   27. SUSHI SKÅL MED BLÆKSPRUTTER OG TANG 65

28. Gulhale Sushi skål 67
29. kammusling og mango sushi skål 69
30. Krydret tun og radise sushi skål 71
31. Sushiskål med røget laks og asparges 73
32. Miso-marineret sværdfisk sushi skål 75
33. Sushiskål med hummer og avocado 77
34. Tun og vandmelon sushi skål 79
35. Blød skalKrabbe Sushi Skål 81
36. Grillet Mahi-Mahi og ananas Sushi Skål 83

GRØNTSAGS SUSHI SKÅLE 85

37. Tofu og grøntsags sushi skål 86
38. Tempeh Sushi skål 88
39. Sesamskål med svampe 91
40. General Tso's Tofu Sushi Skål 94
41. Poké skål med tomat sashimi 97
42. Vegansk Sushi Skål med Tahinisovs 100
43. Skål med tangris 103
44. Steg Sushi skål 105
45. Knasende stegtTofu Sushi Skål 107
46. Ratatouille Sushi skål 110
47. Avocado sushi skål 112
48. Sushiskål med æg, ost og grønne bønner 114
49. Avocado og kikærte sushi skål 116

FRUGT SUSHI SKÅLE 118

50. Fersken Sushi skål 119
51. Appelsin Sushi kopper 121
52. Tropisk paradisFrugt Sushi Skål 123
53. Bær Lyksalighed Frugt Sushi Skål 125
54. Citrus Glæde FrugtSushi Skål 127
55. Chokolade Banan Frugt Sushi Skål 129
56. Æble kanelrulle frugt sushi skål 131
57. Kiwi Jordbær Mynte Frugt Sushi skål 133
58. Pina Colada Frugt Sushi skål 135
59. Mango Avocado Lyksalighed Frugt Sushi Skål 137

OKSEBEØD SUSHI SKÅLE 139

60. Teriyaki Bøf Sushi Skål 140
61. Koreansk Bulgogi Bøf Sushi Skål 142
62. Thai basilikum oksekød sushi skål 144
63. Krydret Sriracha Bøf Sushi Skål 146
64. Hvidløg-Lime Nederdel Bøf Sushi Skål 148
65. Cilantro-Lime Bøf Sushi Skål 150
66. RøgfyldtChipotle Bøf Sushi Skål 152
67. Hoisin-Ingefær Bøf Sushi Skål 154
68. Bøf og Avocado Sushi Skål 156
69. Sesam Ingefær Bøf Sushi Skål 158
70. Sprødt Bøf Tempura Sushi Skål 160
71. Mexicansk oksekød Fajita Sushi Skål 162
72. Philly Ostbøf Sushi Skål 164
73. Oksekød og Mango Tango Sushi Skål 166
74. Satay Bøf Sushi Skål 168

SVINEKØD SUSHI SKÅLE 170

75. Skinke og fersken sushi skål 171
76. Grillet Short Ribs Sushi Skål 173
77. Teriyaki svinekød sushi skål 175
78. Krydret Sriracha svinekød Sushi Skål 177
79. Ananas ingefær svinekød sushi skål 179
80. Koreansk BBQ Svinekød Sushi Skål 181
81. Thai basilikum svinekød sushi skål 183
82. BBQ Trukket svinekødSushi Skål 185
83. Æblederglaseret svinekød Sushi Skål 187
84. Honning sennep svinekød sushi skål 189
85. Krydret Svinekød Rulle Sushi Skål 191
86. Svinemave Bibimbap Sushi Skål 193
87. Sushi skål med skinke og ananas 195
88. Bacon Avocado Sushi skål 197
89. Pølse og æg morgenmad Sushi skål 199

FJERKRÆ SUSHI SKÅLE 201

90. Teriyaki kylling sushi skål 202
91. Mango Sovs Kylling Sushi skål 204
92. Sød Chili Lime Kylling Sushi Skål 206

93. Appelsin ingefær glaseret kalkun sushi skål 208
94. Bomuldslærred Sushi skål 210
95. Cilantro Lime Kylling og Sort bønneSushi Skål 212
96. BBQ Tyrkiet Sushi Skål 214
97. Sesam ingefær kylling sushi skål 216
98. Laks Avocado Kylling Sushi skål 218
99. Mango Lime Tyrkiet Sushi Skål 220
100. Sprødt Tempura Kylling Sushi Skål 222

KONKLUSION 224

INTRODUKTION

Velkommen til "Den Elegante Sushi Skål Håndbog", din definitive guide til at løfte din sushi skål-oplevelse med 100 skålfulde af glæde. Denne håndbog er en fejring af kreativitet, smag og kunsten at lave sushiskåle, der ikke kun er lækre, men også elegant præsenteret. Tag med os på en kulinarisk rejse, der forvandler den traditionelle sushi-oplevelse til en dejlig skål fuld af glæde.

Forestil dig et bord prydet med farverige og kunstfærdigt arrangerede sushiskåle, hver af dem et mesterværk af smag og teksturer. " Den Elegante Sushi Skål Håndbog " er ikke kun en samling af opskrifter; det er en udforskning af ingredienser, præsentation og glæden ved at skabe personlige sushi skål-oplevelser. Uanset om du er en erfaren sushi-entusiast eller ny i sushi-verdenen, er disse opskrifter lavet til at inspirere dig til at genskabe og forbedre dine sushi-skåleventyr.

Fra klassiske sushi-ingredienser til opfindsomme kombinationer, hver skål er en fejring af den friskhed, balance og elegance, som sushi-skåle bringer til dit bord. Uanset om du er vært for en sushi-aften med venner eller nyder et solo kulinarisk eventyr, er denne håndbog din foretrukne ressource til at skabe sushi-skåle, der både er tilfredsstillende og visuelt betagende.

Slut dig til os, mens vi dykker ned i en verden af elegante sushi-skåle, hvor hver kreation er et vidnesbyrd om glæden og kunstnerskabet ved denne elskede kulinariske oplevelse. Så tag dit forklæde på, omfavn kreativiteten, og lad os tage på en smagfuld rejse gennem " Den Elegante Sushi Skål Håndbog ".

DEKOSTRUKTEREDE SUSHI SKÅLE

1.Dekonstrueret Californien rulle Sushi Skål

INGREDIENSER:
- 1 kop sushi ris, kogte
- 1/2 kop imiteret krabbe eller ægte krabbe, strimlet
- 1/2 avocado, skåret i skiver
- 1/4 agurk, julieneret
- Sesamfrø til pynt
- Nori strimler til topping
- Sojasovs og syltet ingefær til servering

INSTRUKTIONER:
a) Fordel de kogte sushiris i en skål.
b) Arranger revet krabbe, avocadoskiver og agurk ovenpå.
c) Drys sesamfrø til pynt.
d) Top med nori strimler.
e) Server med sojasovs og syltet ingefær ved siden af.
f) Nyd den dekonstruerede Californien rulle sushi skål!

2.Dekonstrueret Krydret tunSushi Skål

INGREDIENSER:
- 1 kop sushi ris, kogte
- 1/2 kop krydret tun, hakket
- 1/4 kop edamame bønner, dampede
- 1/4 kop radiser, skåret i tynde skiver
- Sriracha mayo til at drysse
- Avocadoskiver til pynt
- Sesamfrø til topping

INSTRUKTIONER:
a) Fordel de kogte sushiris i en skål.
b) Læg hakket krydret tun, dampede edamamebønner og skivede radiser ovenpå.
c) Dryp Sriracha mayo over skålen.
d) Pynt med avocadoskiver og drys sesamfrø.
e) Nyd den dekonstruerede krydrede tun sushi skål!

3. Dekonstrueret Trække på Rulle Sushi Skål

INGREDIENSER:
- 1 kop sushi ris, kogte
- 1/2 kop ål, grillet og skåret i skiver
- 1/4 kop avocado, skåret i skiver
- 1/4 kop agurk, julieneret
- Ålesovs til overdrypning
- Tobiko (fiskerogn) til topping
- Syltet ingefær til servering

INSTRUKTIONER:
a) Fordel de kogte sushiris i en skål.
b) Arranger grillede åleskiver, avocado og agurk ovenpå.
c) Dryp ålesovs over skålen.
d) Top med tobiko.
e) Server med syltet ingefær ved siden af.
f) Nyd den dekonstruerede Trække på rulle sushi skål!

4.Dekonstrueret Krydret Laks Sushi Skål

INGREDIENSER:
- 1 kop sushi ris, kogte
- 1/2 kop krydret laks i tern
- 1/4 kop mango i tern
- 1/4 kop agurk, i tern
- Krydret mayo til at dryppe af
- Grønne løg til pynt
- Sesamfrø til topping

INSTRUKTIONER:
a) Fordel de kogte sushiris i en skål.
b) Læg krydret laks i tern, mango i tern og agurk i tern ovenpå.
c) Dryp Krydret mayo over skålen.
d) Pynt med hakkede grønne løg og drys sesamfrø.
e) Nyd den dekonstruerede krydrede laks sushi skål!

5.Dekonstrueret Regnbue Rulle Sushi Skål

INGREDIENSER:
- 1 kop sushi ris, kogte
- 1/2 kop krabbe eller imiteret krabbe, strimlet
- 1/4 kop avocado, skåret i skiver
- 1/4 kop agurk, julieneret
- 1/4 kop gulerødder, revet i julien
- 1/4 kop mango, skåret i skiver
- Nori strimler til topping
- Sojasovs og syltet ingefær til servering

INSTRUKTIONER:
a) Fordel de kogte sushiris i en skål.
b) Arranger revet krabbe, avocadoskiver, agurk, gulerødder og mango ovenpå.
c) Top med nori strimler.
d) Server med sojasovs og syltet ingefær ved siden af.
e) Nyd den farverige og dekonstruerede Regnbue Rulle sushiskål!

6.Dekonstrueret Rejer Tempura Sushi Skål

INGREDIENSER:
- 1 kop sushi ris, kogte
- 1/2 kop rejer tempura, skåret i skiver
- 1/4 kop avocado, skåret i skiver
- 1/4 kop agurk, julieneret
- 1/4 kop radiser, skåret i tynde skiver
- Tempura dipsovs til drypping
- Sesamfrø til pynt

INSTRUKTIONER:
a) Fordel de kogte sushiris i en skål.
b) Læg tempura rejer i skiver, avocado, agurk i skiver og radiser i skiver ovenpå.
c) Dryp tempura dipsovs over skålen.
d) Drys sesamfrø til pynt.
e) Nyd den dekonstruerede rejer tempura sushi skål!

7. Dekonstrueret Philly Rulle Sushi Skål

INGREDIENSER:
- 1 kop sushi ris, kogte
- 1/2 kop røget laks, skåret i skiver
- 1/4 kop flødeost, blødgjort
- 1/4 kop agurk, julieneret
- 1/4 kop rødløg, skåret i tynde skiver
- Alt bagelkrydderi til topping
- Kapers til pynt

INSTRUKTIONER:
a) Fordel de kogte sushiris i en skål.
b) Arranger røget laks i skiver, blødgjort flødeost, agurk i skiver og tyndt skåret rødløg ovenpå.
c) Drys alt bagelkrydderi til topping.
d) Pynt med kapers.
e) Nyd den dekonstruerede Philly Rulle sushi skål!

8. Dekonstrueret Dynamit Rulle Sushi Skål

INGREDIENSER:
- 1 kop sushi ris, kogte
- 1/2 kop rejer, tempura-stegte eller kogte
- 1/4 kop Krydret mayo
- 1/4 kop avocado, skåret i tern
- 1/4 kop agurk, i tern
- Tobiko (fiskerogn) til topping
- Grønne løg til pynt

INSTRUKTIONER:
a) Fordel de kogte sushiris i en skål.
b) Læg tempura-stegte eller kogte rejer ovenpå.
c) Dryp Krydret mayo over skålen.
d) Tilsæt avocado i tern og agurk.
e) Top med tobiko.
f) Pynt med hakkede grønne løg.
g) Nyd den dekonstruerede Dynamit Rulle sushiskål!

9.Dekonstrueret Veggie Rulle Sushi Skål

INGREDIENSER:
- 1 kop sushi ris, kogte
- 1/2 kop tofu, skåret i tern og stegt på panden
- 1/4 kop avocado, skåret i skiver
- 1/4 kop agurk, julieneret
- 1/4 kop gulerødder, revet i julien
- 1/4 kop rød peberfrugt, skåret i tynde skiver
- Sojasovs og sesamolieforbinding
- Sesamfrø til pynt

INSTRUKTIONER:
a) Fordel de kogte sushiris i en skål.
b) Læg pandestegt tofu, avocadoskiver, agurk, gulerødder og skåret rød peberfrugt ovenpå.
c) Dryp med en blanding af sojasovs og sesamolie til forbinding.
d) Drys sesamfrø til pynt.
e) Nyd den dekonstruerede Veggie Rulle sushiskål, en forfriskende og plantebaseret mulighed!

FISK OG SKÅDSMÅD SUSHI SKÅLE

10. Kaisen (frisk sashimi på en skål med ris)

INGREDIENSER:
- 800 g (5 kopper) krydret sushiris

TOPPINGS
- 240 g (8½ oz) laks i sashimikvalitet
- 160 g (5½ oz) tun i sashimikvalitet
- 100 g (3½ oz) havbars i sashimikvalitet
- 100 g (3½ oz) kogte rejer (rejer)
- 4 røde radiser, strimlet
- 4 shiso blade
- 40 g (1½ oz) lakserogn

AT TJENE
- syltet ingefær
- wasabi pasta
- soya sovs

INSTRUKTIONER:
a) Skær laksefileten i 16 skiver, og tun og havbars hver i 12 skiver. Sørg for at skære på tværs af kornet for at sikre, at fisken er mør.
b) For at servere skal du dele sushirisene mellem fire individuelle skåle og flad overfladen af risene. Top med laks, tun, havbars og rejer (rejer), arrangeret i overlappende skiver.
c) Pynt med de strimlede røde radiser, shiso-blade og lakserogn.
d) Server med syltet ingefær som ganerens og wasabi og sojasovs efter smag.

11. Røget makrel Chirashi

INGREDIENSER:
- ½ agurk
- ¼ tsk fint salt
- 200 g (7 oz) røget makrelfilet, udbenet, uden skind
- 40 g (1½ oz) syltet ingefær, finthakket
- 1 forårsløg (spidskål), fint skåret
- 2 tsk finthakket dild
- 2 spsk ristede hvide sesamfrø
- 800 g (5 kopper) krydret sushiris
- 1 ark nori, revet i stykker
- mørk sojasovs, til servering

INSTRUKTIONER:
a) Skær agurken så tyndt som muligt og drys med salt. Gnid agurken let og lad den stå i 10 minutter. Dette vil hjælpe med at fjerne overskydende vand fra agurken for at holde den sprød.
b) Klem eventuelt overskydende vand ud af agurken i hånden.
c) Bræk den røgede makrel i små stykker.
d) Tilsæt agurk, røget makrel, syltet ingefær, forårsløg (spidskål), dild og hvide sesamfrø til risene. Bland godt for at fordele ingredienserne jævnt.
e) Server i individuelle skåle eller en stor skål til deling. Drys med nori og dryp mørk sojasovs over efter smag.

12.Oyakodo (laks og lakserogn)

INGREDIENSER:
- 400 g (2½ kopper) krydret sushiris

TOPPINGS
- 400 g (14 oz) laks i sashimikvalitet
- 200 g (7 oz) marineret lakserogn
- 4 baby shiso blade
- skiver af lime eller citron

AT TJENE
- syltet ingefær
- wasabi pasta
- soya sovs
- strimler af nori (valgfrit)

INSTRUKTIONER:

a) Skær laksen i tynde skiver. Sørg for at skære på tværs af kornet for at sikre, at fisken er mør.

b) Læg sushirisene i fire individuelle skåle og flad overfladen af risene. Top med sashimi laks og lakserogn. Pynt med baby shiso-bladene og lime- eller citronskiver.

c) Server med syltet ingefær som ganerens og wasabi og sojasovs efter smag. Hvis du ønsker det, drys med nori-strimler for mere smag.

13. Krydret Hummer Sushi Skål

INGREDIENSER:
- 1½ kop (300 g) tilberedt traditionel sushi-ris
- 1 tsk fintrevet frisk ingefærrod
- En 8 oz (250 g) dampet hummerhale, skal fjernet og skåret i medaljoner
- 1 kiwi, skrællet og skåret i tynde skiver
- 2 tsk hakkede grønne løg (spidskål), kun grønne dele
- Håndfuld spiralskåret daikon radise
- 2 friske korianderkviste (korianderstrimler)
- 2 spsk Trække på Juice eller mere efter smag

INSTRUKTIONER:
a) Forbered Sushi-ris og Dragejuice.
b) Gør fingerspidserne fugtige, inden du deler Sushi-risene mellem to små serveringsskåle. Flad forsigtigt overfladen af risene i hver skål. Brug en ske til at fordele ½ tsk af revet ingefærrod over risene i hver skål.
c) Del hummermedaljonerne og kiwien i to. Skift den ene halvdel af hummerskiverne med den ene halvdel af kiwifrugtskiverne over ris i en skål, og lad et lille mellemrum være udækket. Gentag mønsteret i den anden skål. Hæld 1 tsk af de hakkede grønne løg nær forsiden af hver skål. Fordel den spiralskårne daikon radise mellem de to skåle, udfyld det tomme rum.
d) Til servering skal du lægge en frisk korianderkvist foran daikonræddiken i hver skål. Hæld 1 spiseskefuld Dragejuice over hummer og kiwi i hver skål.

14.Tun med avocado sushi skål

INGREDIENSER:
- 1 avocado, skrællet og udstenet
- friskpresset saft af 1 lime
- 800 g (5 kopper) krydrede brune sushiris
- 1 skalotteløg eller rødløg, finthakket og udblødt i vand
- en håndfuld blandede salatblade
- 2 spsk skalotteløg chips (valgfrit)

TUNFISK
- 1 spsk revet hvidløg
- 1 spsk revet ingefær
- 2 spiseskefulde vegetabilsk olie
- 500 g (1 lb 2 oz) tunbøffer i sashimikvalitet havsalt og friskkværnet sort peber

FORBINDING
- 4 spsk riseddike
- 4 spsk let sojasovs
- 4 spsk mirin
- 4 tsk ristet sesamolie
- friskpresset saft af 1 lime
- 1 tsk sukker
- en knivspids salt

INSTRUKTIONER:
a) For at forberede tunen, bland hvidløg, ingefær og olie i en lille skål. Fordel dette på begge sider af hver tunbøf, og smag til med salt og peber.
b) Opvarm en stegepande til varm og svits tunbøfferne i 1 minut på hver side for sjældne.
c) Lad tunen køle af, og skær den derefter i 2 cm (¾-in) tern.
d) For at lave forbindingen skal du kombinere alle ingredienserne.
e) Skær avocadoen i store tern, og pres derefter limesaften over for at forhindre, at kødet bliver brunt.
f) Læg de brune sushiris i skåle og top med tunterninger, avocado, skalotteløg eller rødløg og blandede blade. Hæld forbindingen på toppen lige inden servering. Top med skalotteløg chips, hvis du bruger, for ekstra crunch.

15.Frisk laks og avocado sushi skål

INGREDIENSER:
- 1½ kop (300 g) tilberedt traditionel sushi-ris
- ¼ lille jicama, skrællet og skåret i tændstik
- ½ jalapeño chilipeber, kerner fjernet og hakket groft
- Saft af ½ lime
- 4 spsk Sushi-risforbinding
- 6 oz (200 g) frisk laks, skåret i skiver
- ¼ avocado, skrællet, kernet og skåret i tynde skiver
- 2 dybe spsk lakserogn (ikura), valgfri
- 2 kviste frisk koriander (koriander) til pynt

INSTRUKTIONER:
a) Forbered Sushi-ris og Sushi-risforbinding.
b) Bland jicama-tændstikkerne, hakket jalapeño, limesaft og sushi-risforbinding sammen i en lille ikke-metal skål. Lad smagene blande sig i mindst 10 minutter. Hæld væsken fra jicama-blandingen.
c) Saml 2 små skåle. Fugt fingerspidserne, før du tilføjer ¾ kop (150 g) af Sushi-risene til hver skål. Flad forsigtigt overfladen af risene ud. Læg ½ af den marinerede jicama oven på hver skål. Fordel lakse- og avocadoskiverne mellem de 2 skåle, og læg hver i et flot mønster over risene. Tilsæt 1 dynger spiseskefuld lakserogn, hvis du bruger, til hver skål.
d) Til servering toppes hver skål med en frisk korianderkvist og Ponzu-sovs. soya sovs.

16. Laks med avocado og sesamforbinding

INGREDIENSER:
- 1 spsk ristet sesamolie
- 2 spiseskefulde vegetabilsk olie
- 1 spsk mandler i flager
- 2 fed hvidløg, skåret i tynde skiver
- 2 tsk finthakket ingefær
- 3 spsk mørk sojasovs
- 2 spsk mirin
- 2 spsk ristede hvide sesamfrø
- 800 g (5 kopper) krydret sushiris
- 500 g (1 lb 2 oz) laks af sashimikvalitet, skåret i tern
- 1 avocado, skåret i 2 cm (¾-in) terninger og smidt i 1 tsk friskpresset citronsaft for at forhindre dem i at blive brune
- 2 røde radiser, skåret i tynde skiver
- sesamforbinding
- en håndfuld salatblade

INSTRUKTIONER:
a) Kom sesamolie og vegetabilsk olie i en gryde over middel varme. Når det bliver varmt (men ikke ved højt rygepunkt), tilsættes mandler og hvidløg og steges til de er gyldne. Hvis du kan, vip gryden for at samle olien i det ene hjørne af gryden, da dette hjælper med at tilberede jævnt og hurtigt. Pas på ikke at brænde hvidløg eller mandler, ellers bliver de bitre.
b) Sluk for varmen og fjern hvidløgschips og mandler fra gryden. Hæld olien fra panden med køkkenrulle.
c) Tilsæt ingefær til gryden, mens olien stadig er varm. Ingefæren koger i restvarmen.
d) Når olien er kølet af, tilsættes den mørke sojasovs, mirin og ristede sesamfrø.
e) Læg sushirisene i en skål, top med tern laks, avocado og røde radiser. Tilsæt salatbladene og hæld forbindingen over lige før servering.

17.Dynamit kammusling sushi skål

INGREDIENSER:
- 2 kopper (400 g) tilberedt traditionel sushi-ris
- 2 tsk hakkede grønne løg (spidskål), kun grønne dele
- ¼ engelsk agurk (japansk agurk), frøet og skåret i små tern
- 2 imiterede krabbesticks, benstil, strimlet
- 8 oz (250 g) friske kammuslinger, skuret, kogt og holdt varm
- 4 dybe spiseskefulde Krydret Mayonnaise eller mere efter smag
- 2 tsk ristede sesamfrø

INSTRUKTIONER:
a) Forbered sushi-ris og Krydret mayonnaise.
b) Saml 4 martini glas. Læg ½ teskefuld hakket grønne løg i bunden af hvert glas.
c) Læg sushiris og agurk i tern i en lille skål. Bland godt.
d) Fugt fingerspidserne, før du deler ris- og agurkeblandingen mellem hvert glas. Flad forsigtigt overfladen af risene ud.
e) Fordel den revne krabbestick mellem glassene. Tilsæt ¼ af de varme kammuslinger til hvert glas.
f) Læg en dyb spiseskefuld Krydret mayonnaise over indholdet af hvert glas. Brug en kogelampe til at svitse Krydret Mayonnaise, indtil den er boblende, cirka 15 sekunder.
g) Drys ½ tsk af de ristede sesamfrø over toppen af hvert glas før servering.

18.Dragefrugt og laks sushi skål

INGREDIENSER:
- 1 dragefrugt
- 1 pund sushi-grade laks, i tern
- ½ kop agurk i skiver
- ½ kop avocado i skiver
- ¼ kop skåret spidskål
- 2 spsk sojasovs
- 2 spsk riseddike
- 1 spsk sesamolie
- Salt og peber efter smag
- Traditionelle Kogte Sushi-ris, til servering

INSTRUKTIONER:
a) Skær dragefrugten i halve og skrab kødet ud.
b) I en stor skål kombineres laks, agurk, avocado og spidskål.
c) I en separat skål piskes sojasovsen, riseddike, sesamolie, salt og peber sammen.
d) Fold forbindingen i lakseblandingen, indtil den er godt blandet.
e) Fold dragefrugtkødet i.
f) Server over kogte ris.

19.Tuna Sushi Skål s med Mango

INGREDIENSER:
- 60 ml sojasovs (¼ kop + 2 spsk)
- 30 ml vegetabilsk olie (2 spsk)
- 15 ml sesamolie (1 spsk)
- 30 ml honning (2 spsk)
- 15 ml Sambal Oelek (1 spsk, se note)
- 2 tsk frisk revet ingefær (se note)
- 3 spidskål, skåret i tynde skiver (hvide og grønne dele)
- 454 gram sushi-grade ahi-tun (1 pund), skåret i ¼ eller ½-tommers stykker
- 2 kopper sushi ris, kogt i henhold til pakkens anvisninger (erstat med andre ris eller korn)

VALGFRI TOPPINGS:
- Skåret avocado
- Skåret agurk
- Edamame
- Syltet ingefær
- Mango i tern
- Kartoffelchips eller wonton chips
- sesamfrø

INSTRUKTIONER:
a) I en mellemstor skål piskes sojasovs, vegetabilsk olie, sesamolie, honning, Sambal Oelek, ingefær og spidskål sammen.
b) Tilsæt tun i tern til blandingen og vend. Lad blandingen marinere i køleskabet i mindst 15 minutter, eller op til 1 time.
c) For at servere skal du øse sushi-ris i skåle, toppe med den marinerede tun og tilføje dine ønskede toppings.
d) Der vil være ekstra sovs til at dryppe over toppings; server det ved siden af.

20.Krydret tun sushi skål

INGREDIENSER:
TIL TUN:
- 1/2 pund sushi-grade tun, skåret i 1/2-tommers terninger
- 1/4 kop skåret spidskål
- 2 spsk reduceret natrium sojasovs eller glutenfri tamari
- 1 tsk sesamolie
- 1/2 tsk sriracha

TIL KRYDRET MAYO:
- 2 spsk lys mayonnaise
- 2 tsk sriracha sovs

TIL SKÅLEN:
- 1 kop kogte kortkornede traditionelle sushiris eller sushi hvide ris
- 1 kop agurker, skrællet og skåret i 1/2-tommers terninger
- 1/2 medium Hass avocado (3 ounces), skåret i skiver
- 2 spidskål skåret i skiver til pynt
- 1 tsk sorte sesamfrø
- Reduceret natrium soja eller glutenfri tamari, til servering (valgfrit)
- Sriracha, til servering (valgfrit)

INSTRUKTIONER:
a) Kombiner mayonnaise og sriracha i en lille skål, fortynd med lidt vand for at dryppe.
b) Kombiner tun med spidskål, sojasovs, sesamolie og sriracha i en mellemstor skål. Vend forsigtigt sammen og stil til side, mens du forbereder skålene.
c) Læg halvdelen af risene, halvdelen af tun, avocado, agurk og spidskål i to skåle.
d) Dryp med Krydret mayo og drys sesamfrø. Server med ekstra sojasovs ved siden af, hvis det ønskes.
e) Nyd den dristige og krydrede smag af denne lækre Krydret tunSushi Skål!

21. Shoyu og Krydret Mayo Laks Sushi Skål

INGREDIENSER:
- 10 oz Sashimi-Grade laks eller tun, skåret i mundrette terninger og delt i to
- 2 portioner sushi ris
- Furikake krydderier

SHOYU MARINADE TIL 5 OZ FISK:
- 1 spiseskefuld japansk sojasovs
- ½ tsk sesamolie
- ½ tsk ristede sesamfrø
- 1 grønt løg, hakket
- ¼ lille søde løg, i tynde skiver (valgfrit)

KRYDRET MAYO TIL 5 OZ FISK:
- 1 spiseskefuld Kewpie Mayonnaise
- 1 tsk sød chilisovs
- ¼ teskefuld Sriracha
- ¼ teskefuld La-Yu chiliolie eller sesamolie
- En knivspids havsalt
- 1 grønt løg, hakket
- 1 tsk Tobiko, valgfri

TOPPING IDÉER:
- Afskallede Edamame
- Avocado
- Krydret krabbesalat
- Japanske agurker, skåret i tynde skiver
- Tang salat
- Radiser, skåret i tynde skiver
- Masago
- Syltet ingefær
- Wasabi
- Sprødstegte løg
- Radisespirer
- Shichimi Togarashi

INSTRUKTIONER:
SHOYU MARINADE:
a) I en skål kombineres japansk sojasovs, sesamolie, ristede sesamfrø, hakkede grønne løg, skåret søde løg (valgfrit) og 5 oz laks i tern.
b) Kast for at kombinere og stil det i køleskabet, mens du forbereder andre ingredienser.

KRYDRET MAYO:
c) Kombiner Kewpie Mayonnaise, Sweet Chili Sovs, Sriracha, La-Yu Chili Oil, en knivspids havsalt, hakkede grønne løg i en skål. Juster krydderiniveauerne efter smag ved at tilføje mere Sriracha, hvis det ønskes. Tilsæt 5 oz tern laks, vend for at kombinere, og stil den i køleskabet.

MONTAGE:
d) Læg ris i to serveringsskåle, drys med Furikake Krydderi.
e) Top risskåle med Shoyu laks, Krydret mayo laks, agurk, avocado, radiser, Edamame og andre foretrukne toppings.

22. Californien imiteret krabbeSushi Skål s

INGREDIENSER:
- 2 kopper sushi ris
- 1 snackpakke ristede tangstrimler
- 1 kop imiteret krabbekød
- ½ mango
- ½ avocado
- ½ kop engelsk agurk
- ¼ kop jalapeno i tern
- 4 spsk krydret mayo
- 3 spsk riseddike
- 2 spsk balsamico glasur
- 1 spsk sesamfrø

INSTRUKTIONER:

a) Kog risene efter pakkens anvisning. Når den er kogt, rør i riseddike og læg den i din skål.
b) Skær mangoen og grøntsagerne meget fint. Skær jalapenos i skiver for en krydret crunch. Læg dem ovenpå risene.
c) Tilsæt det fint skåret imiteret krabbekød i skålen.
d) Dryp krydret mayo og balsamicoglasur over skålen for ekstra smag. Top med sesamfrø og tangstrimler.
e) God fornøjelse!

23.Krydret Krabbe Sushi Skål s

INGREDIENSER:
SUSHI RIS:
- 1 kop kortkornet sushi ris
- 2 spsk riseddike
- 1 tsk sukker

SUSHI SKÅL SOVS:
- 1 spsk brun farin
- 3 spsk mirin
- 2 spsk riseddike
- 3 spsk sojasovs
- ¼ tsk majsstivelse

KRYDRET KRABBESALAT:
- 8 ounce imiteret krabbekød, revet eller hakket
- ⅓ kop mayonnaise (japansk stil, hvis tilgængelig)
- 2 spsk sriracha, mere eller mindre efter smag

SUSHI SKÅLE (BRUG HVAD DU KAN LIDE):
- Tangsalat
- Skåret spidskål
- Skåret agurker
- Juliennedlagte gulerødder
- Terninger af avocado
- Friske spinatblade
- Syltede daikon eller andre japanske pickles
- sesamolie
- sesamfrø

INSTRUKTIONER:
FORBERED SUSHI-RIS:
a) Kog sushirisene efter pakkens anvisning. Når det er kogt, drysses riseddike og sukker i. Rør forsigtigt for at kombinere. Lad risene køle lidt af.

LAV SUSHI SKÅL SOVS:
b) Pisk farin, mirin, riseddike, sojasovs og majsstivelse sammen i en kold gryde. Varm sovsn op over middel varme, bring den til at simre og lad den simre i et minut. Rør under denne proces. Sluk for varmen og lad sovsn køle af, mens du tilbereder andre skålingredienser.

TILBERED KRYDRET KRABBESALAT:
c) Kombiner imiteret krabbekød, mayonnaise og sriracha i en skål. Juster srirachaen eller mayoen efter din smag.
d) Stil på køl indtil klar til brug.

SAML SUSHI SKÅLE:
e) Lav en bund med ris og/eller frisk spinat i lave skåle. Top med krydret krabbe og ekstra toppings efter eget valg.
f) Dryp den tilberedte sovs over de samlede skåle. Tilsæt et strejf af sesamolie og drys sesamfrø for ekstra smag.
g) Server straks med kolde ingredienser over varme ris.

24.Cremet Sriracha Rejer Sushi Skål s

INGREDIENSER:
TIL SUSHI SKÅL:
- 1 lb kogte rejer
- 1 ark nori, skåret i strimler
- 1 avocado, skåret i skiver
- 1 pakke tangsalat
- 1/2 rød peber, skåret i tern
- 1/2 kop rødkål, skåret i tynde skiver
- 1/3 kop koriander, finthakket
- 2 spsk sesamfrø
- 2 spsk wonton strimler

TIL SUSHI RIS:
- 1 kop kogte sushiris (ca. 1/2 kop tør – se pakken for vandmængde, normalt 1 1/2 kop)
- 2 spsk sukker
- 2 spsk risvinseddike

TIL CREMET SRIRACHA-SOVS:
- 1 spsk sriracha
- 1/2 kop creme fraiche

TIL CITRONGRÆSMAJS:
- 1/2 kop majs
- 1/2 stilk citrongræs, skåret i tynde skiver
- 1 fed hvidløg, hakket
- 1 spsk sojasovs

INSTRUKTIONER:
FORBERED SUSHI-RIS:
a) Kog sushi-ris i en riskoger eller efter pakkens anvisning. Når du er færdig med at tilberede, tilsæt sukker og riseddike og rør rundt.

CREMET SRIRACHA Sovs:
b) Bland sriracha og creme fraiche sammen. Smid rejer i denne sovs. Brug forkogte rejer eller optø frosne rå rejer og kog i vand i 2-3 minutter.

CITRONGRÆS MAJS:
c) Steg majs, sojasovs, hvidløg og citrongræs ved middelhøj varme i 5-6 minutter, indtil de er gennemstegte.

SAML SUSHI SKÅLE:
d) Tilføj sushi-ris til hver skål, og læg derefter lag med rejer og alle andre toppings, inklusive nori-strimler, avocadoskiver, tangsalat, rød peber i tern, tyndt skåret rødkål, koriander, sesamfrø og wonton-strimler.

e) Bland alt sammen i skålen, og sørg for at de cremede sriracha-belagte rejer er jævnt fordelt.

25. Brændt tun sushi skål s

INGREDIENSER:
TIL SKÅLEN
- 1 pund Irresistibles brændt tun og Tataki
- Sushi ris

TIL MARINADEN
- ¼ kop sødt løg, skåret i tynde skiver
- 1 spidskål, skåret i skiver (ca. ¼ kop) plus mere til pynt
- 2 fed hvidløg, hakket
- 2 tsk sorte sesamfrø, ristede plus mere til pynt
- 2 tsk cashewnødder (ristede og usaltede), hakkede og ristede
- 1 rød chili hakket plus mere til pynt
- 3 spsk sojasovs
- 2 spsk sesamolie
- 2 tsk riseddike
- 1 tsk limesaft
- 1 spsk sriracha plus mere til servering
- ¼ tsk havsalt
- ½ tsk rød peberflager (valgfrit)

EKSTRA GARNISERINGSMULIGHEDER
- Skåret agurk
- Radiser i skiver
- Skåret kål
- Tangflager
- Hakket avocado
- Edamame

INSTRUKTIONER:
a) Kombiner alle ingredienserne til marinaden i en stor skål og tilsæt de svitsede tunskiver og vend forsigtigt til belægning.
b) Dæk til og stil på køl i 10-30 minutter.
c) Tag ud af køleskabet og server over en bund af hvide ris sammen med eventuelt pynt og lidt varm sovs/sriracha ved siden af.

26. Sushi skål med rejer og ananas

INGREDIENSER:
- 1 lb store rejer, pillede og deveirede
- 1/4 kop sojasovs
- 2 spsk ananasjuice
- 1 spsk riseddike
- 1 tsk honning
- 1 kop ananas i tern
- 1 rød peberfrugt, skåret i tynde skiver
- 1/4 kop hakkede grønne løg
- 2 kopper kogte sushi ris
- Knuste røde peberflager til pynt

INSTRUKTIONER:
a) Kombiner sojasovs, ananasjuice, riseddike og honning for at lave marinaden.
b) Smid rejer i marinaden og stil på køl i 20-30 minutter.
c) Kog rejer i en gryde, indtil de er lyserøde og uigennemsigtige.
d) Lav skåle med sushiris som base.
e) Top med kogte rejer, hakket ananas, skåret rød peberfrugt og grønne løg.
f) Pynt med knuste røde peberflager og server.

27.Sushi skål med blæksprutter og tang

INGREDIENSER:
- 1 lb blæksprutte, kogt og skåret i skiver
- 1/4 kop sojasovs
- 2 spsk mirin
- 1 spsk sesamolie
- 1 tsk revet hvidløg
- 1 kop wakame tang, rehydreret
- 1 radise, skåret i tynde skiver
- 2 kopper kogte sushi ris
- Nori strimler til pynt

INSTRUKTIONER:
a) Pisk sojasovs, mirin, sesamolie og revet hvidløg sammen til marinaden.
b) Smid skåret blæksprutte i marinaden og stil på køl i mindst 30 minutter.
c) Arranger skåle med sushiris som bund.
d) Top med marineret blæksprutte, rehydreret wakame-tang og radise i skiver.
e) Pynt med nori-strimler og server.

28.Gulhale Sushi skål

INGREDIENSER:
- 1 lb gulhale (hamachi), skåret i tern
- 1/4 kop ponzu sovs
- 1 spsk sesamolie
- 1 tsk frisk limesaft
- 1 tsk wasabi pasta (valgfrit)
- 1 kop jicama, julieneret
- 1 kop agurk, skåret i skiver
- 2 kopper sushi ris
- Avocadoskiver til pynt
- Hakket koriander til pynt

INSTRUKTIONER:
a) Kombiner ponzusovs, sesamolie, limesaft og wasabipasta i en skål.
b) Smid gulhale i tern i marinaden og stil på køl i mindst 30 minutter.
c) Lav skåle med sushiris som base.
d) Top med marineret gulhale, jicama, agurk og avocadoskiver.
e) Pynt med hakket koriander og server.

29.kammusling og mango sushi skål

INGREDIENSER:
- 1 lb friske kammuslinger, halveret
- 1/4 kop kokosnødde aminosyrer (eller sojasovs)
- 1 spsk riseddike
- 1 spsk honning
- 1 mango, skrællet og skåret i tern
- 1 rød chili, skåret i tynde skiver
- 1 kop revet kål
- 2 kopper sushi ris, kogte
- Ristede sesamfrø til pynt

INSTRUKTIONER:
a) Pisk kokos-aminosyrer, riseddike og honning sammen til marinaden.
b) Smid kammuslingerne i marinaden og stil dem på køl i 20-30 minutter.
c) Saml skåle med traditionel sushi-ris som base.
d) Top med marinerede kammuslinger, mangoterninger, skåret rød chili og strimlet kål.
e) Pynt med ristede sesamfrø og server.

30.Krydret tun og radise sushi skål

INGREDIENSER:
- 1 lb sushi-grade tun, skåret i tern
- 2 spsk gochujang (koreansk rød peberpasta)
- 1 spsk sojasovs
- 1 spsk sesamolie
- 1 tsk riseddike
- 1 kop daikon radise, julieneret
- 1 kop snapsærter, skåret i skiver
- 2 kopper Traditionel Sushi ris, kogte
- Grønne løg til pynt

INSTRUKTIONER:
a) Bland gochujang, sojasovs, sesamolie og riseddike for at lave den krydrede sovs.
b) Smid tun i tern i den krydrede sovs og stil på køl i 30 minutter.
c) Saml skåle med traditionel sushi-ris som base.
d) Top med marineret tun, juliennedlagt daikon radise og skåret snapsærter.
e) Pynt med hakkede grønne løg og server.

31. Sushiskål med røget laks og asparges

INGREDIENSER:
- 1 lb røget laks, i flager
- 1/4 kop sojasovs
- 2 spsk mirin
- 1 spsk syltet ingefær, hakket
- 1 bundt asparges, blancheret og skåret i skiver
- 1 kop cherrytomater, halveret
- 2 kopper Traditionel Sushi ris, kogte
- Citronbåde til pynt

INSTRUKTIONER:
a) Pisk sojasovs, mirin og hakket syltet ingefær sammen til marinaden.
b) Smid røget laks i marinaden og stil på køl i 15-20 minutter.
c) Lav skåle med kogte traditionelle sushi-ris som base.
d) Top med marineret røget laks, snittede asparges og cherrytomater.
e) Pynt med citronbåde og server.

32.Miso-marineret sværdfisk sushi skål

INGREDIENSER:
- 1 lb sværdfisk, i tern
- 2 spsk hvid misopasta
- 1 spsk sojasovs
- 1 spsk riseddike
- 1 tsk sesamolie
- 1 kop radiser, skåret i tynde skiver
- 1 kop agurk, i tern
- 2 kopper sushi ris
- Strimlet nori til pynt

INSTRUKTIONER:
a) I en skål piskes misopasta, sojasovs, riseddike og sesamolie sammen.
b) Mariner sværdfisk i blandingen i mindst 30 minutter.
c) Lav skåle med sushiris som base.
d) Top med marineret sværdfisk, radiser i skiver og agurk i tern.
e) Pynt med strimlet nori og server.

33. Sushiskål med hummer og avocado

INGREDIENSER:
- 1 lb kogt hummerkød, hakket
- 1/4 kop ponzu sovs
- 1 spsk honning
- 1 tsk frisk ingefær, revet
- 1 avocado i tern
- 1 kop mango i tern
- 2 kopper Traditionel Sushi ris, kogte
- Hakket purløg til pynt

INSTRUKTIONER:
a) Bland ponzu sovs, honning og revet ingefær i en skål.
b) Smid hakket hummerkød i marinaden og stil det på køl i 20 minutter.
c) Saml skåle med traditionel sushi-ris som base.
d) Top med marineret hummer, hakket avocado og mango.
e) Pynt med hakket purløg og server.

34.Tun og vandmelon sushi skål

INGREDIENSER:
- 1 lb sushi-grade tun, i tern
- 1/4 kop kokosnødde aminosyrer (eller sojasovs)
- 2 spsk limesaft
- 1 spsk sesamolie
- 2 kopper vandmelon, i tern
- 1 kop agurk, skåret i skiver
- 2 kopper Traditionel Sushi ris, kogte
- Mynteblade til pynt

INSTRUKTIONER:
a) Pisk kokos-aminosyrer, limesaft og sesamolie sammen til marinaden.
b) Smid tun i marinaden og stil på køl i 30 minutter.
c) Lav skåle med kogte traditionelle sushi-ris som base.
d) Top med marineret tun, hakket vandmelon og skåret agurk.
e) Pynt med friske mynteblade og server.

35.Blød skalKrabbe Sushi Skål

INGREDIENSER:
- 4 soft-shell krabber, renset
- 1/4 kop mayo
- 1 spsk sriracha
- 1 spsk limesaft
- 1 kop revet salat
- 1/2 kop radicchio, hakket
- 2 kopper sushi ris
- Sesamfrø til pynt

INSTRUKTIONER:
a) Bland mayo, sriracha og limesaft i en skål for at skabe sovsn.
b) Overtræk soft-shell krabber med sovsn og steg på panden, indtil de er sprøde.
c) Lav skåle med sushiris som base.
d) Top med revet salat, hakket radicchio og sprøde soft-shell krabber.
e) Pynt med sesamfrø og server.

36.Grillet Mahi-Mahi og ananas Sushi Skål

INGREDIENSER:
- 1 lb mahi-mahi fileter, grillet og i flager
- 1/4 kop teriyaki sovs
- 1 spsk limesaft
- 1 tsk honning
- 1 kop ananas, skåret i tern
- 1 kop rød peberfrugt, skåret i skiver
- 2 kopper Traditionel Sushi ris, kogte
- Hakket koriander til pynt

INSTRUKTIONER:
a) Pisk teriyakisovs, limesaft og honning sammen til marinaden.
b) Smid grillet mahi-mahi i marinaden og stil på køl i 20 minutter.
c) Saml skåle med kogte Traditionelle Sushi-ris som base.
d) Top med mahi-mahi i flager, hakket ananas og skåret rød peberfrugt.
e) Pynt med hakket koriander og server.

GRØNTSAGS SUSHI SKÅLE

37.Tofu og grøntsags sushi skål

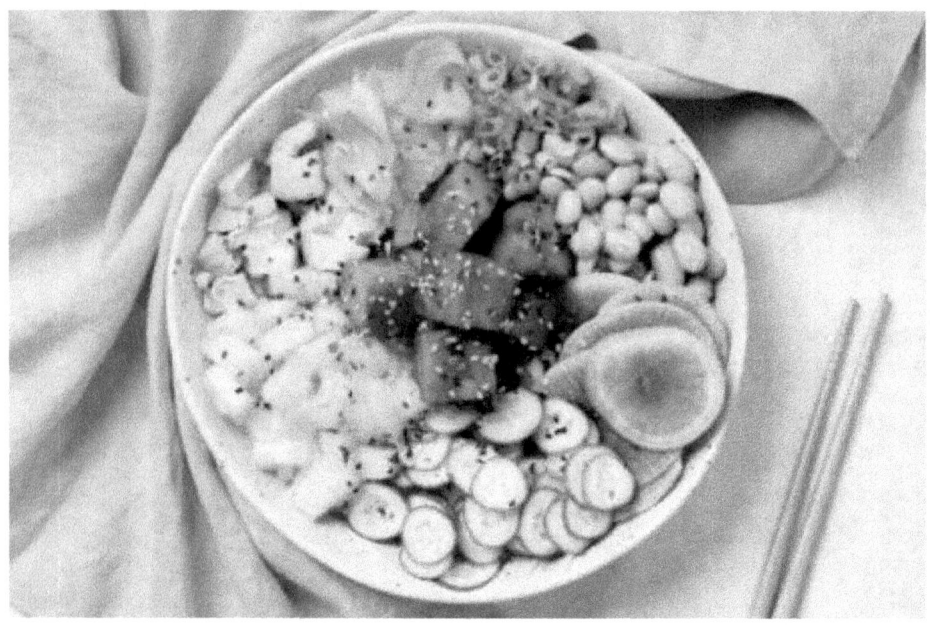

INGREDIENSER:
- 1 blok fast tofu i tern
- 1/4 kop sojasovs
- 2 spsk riseddike
- 1 spsk sesamolie
- 1 tsk agavesirup eller honning
- 1 kop cherrytomater, halveret
- 1 peberfrugt, skåret i tern
- 1 gulerod, finthakket
- 2 kopper kogte traditionelle Sushi-ris
- Sesamfrø til pynt

INSTRUKTIONER:
a) Bland sojasovs, riseddike, sesamolie og agavesirup for at skabe marinaden.
b) Smid tofu-terninger i marinaden og stil dem på køl i 30 minutter.
c) Sauter marineret tofu på en pande, indtil den er gyldenbrun.
d) Saml skåle med traditionel sushi-ris som base.
e) Top med sauteret tofu, cherrytomater, peberfrugt i tern og gulerod.
f) Pynt med sesamfrø og server.

38. Tempeh Sushi skål

INGREDIENSER:
- 200 g kogte Traditionelle Sushi-ris
- 70 g Tempeh/Tofu eller svampe
- ½ en lille rød chili
- 1 lille fed hvidløg
- Lille stykke frisk ingefær
- 2 spidskål/forårsløg
- 1 spsk Tamari
- 35 g frosne edamamebønner eller ærter
- 1 lille gulerod
- 1 moden avocado
- ½ frisk mango

GARNISER:
- Ristede sesamfrø
- 1 lime eller ½ citron

INSTRUKTIONER:
a) Kog ris i henhold til pakkens anvisninger, eller brug en forkogt pakke.
b) Hæld kogende vand i en skål til at dække og optø den frosne edamame/ærter.
c) Skær tempeh/tofu eller svampe i mundrette stykker. Hak hvidløg, spidskål, ingefær og chili fint.
d) Varm en mellemstor slip-let pande op ved høj varme. Tilsæt hvidløg, ingefær, chili og spidskål. Reducer varmen til medium og kog i 3 minutter under omrøring af og til. Tilsæt tempeh/tofu eller svampe og kog i 3-4 minutter. Tilsæt tamari og kog i yderligere 1 minut, indtil tamarien er reduceret. Hold tempeh/tofuen i bevægelse for at stege på alle sider. Sæt til side.
e) Skær avocado i den ønskede tykkelse.
f) Skræl og skær mangoen i tern.
g) Skræl guleroden og brug en skræller til at lave lange tynde strimler.
h) Dræn edamame/ærter.

SAML SUSHI SKÅLEN:
i) Fordel ris/quinoa mellem to skåle. Gør det samme med tempeh/tofu eller svampe, så der er plads til andre komponenter.
j) Tilsæt avocado, gulerødder, edamame/ærter og mango mellem skålene.
k) Pynt med ristede sesamfrø og frisk lime- eller citronsaft.

39.Sesamskål med svampe

INGREDIENSER:
- 2 spsk hvide sesamfrø
- 1 spsk sorte nigella frø
- 1/3 kop panko brødkrummer
- 1 æg
- 1 spsk mælk
- 200 g knapsvampe
- 1 bundt broccolini
- 1/3 kop frosne edamame bønner, optøet
- 1 kop kogte traditionelle sushi-ris
- 1 avocado, skåret i skiver
- ¾ kop rødkål, skåret i tynde skiver
- 1 lille agurk, skåret i tynde skiver
- 4 radiser, skåret i tynde skiver
- 2 forårsløg, skåret i tynde skiver (til servering)
- Syltet ingefær (til servering)

FORBINDING:
- 1 tsk hvid misopasta
- 3 spsk mirin
- 1 tsk jordnøddesmør
- 3 teskefulde ekstra jomfru olivenolie

INSTRUKTIONER:
a) I en stor skål kombineres sesamfrø, nigellafrø, brødkrummer og en knivspids havsalt.
b) I en anden skål piskes æg og mælk sammen.
c) Dyp svampe i æggeblandingen, og rul derefter i krummeblandingen til en jævn pels.
d) Opvarm 2 spsk olivenolie i en stor non-stick stegepande over medium varme.
e) Arbejd i portioner, kog svampe i 5 minutter, eller indtil den ydre krumme er sprød og gyldenbrun.
f) Overfør til en tallerken foret med køkkenrulle for at absorbere overskydende olie.
g) Bring en stor gryde med vand i kog. Tilsæt broccolini og edamame, kog i 1 minut eller indtil broccolini er kogt, men stadig sprød, og edamame er lysegrøn. Dræn og sæt til side.

FORBERED FORBINDING:
h) Bland alle ingredienserne til forbindingen i en lille kande, og rør godt for at opløse misopastaklumper.

SAMLING SKÅL:
i) Fordel traditionelle sushi-ris mellem to serveringsskåle.
j) Arranger avocado, kål, agurk, radise og kogte grøntsager ovenpå ris og rundt om skålens sider.
k) Top med smuldrede svampe.
l) Drys med forårsløg, dryp forbindingen over, og pynt med syltet ingefær.
m) Nyd din sunde og sprøde svampeskål med sesamskorpe!

40.General Tso's Tofu Sushi Skål

INGREDIENSER:
BASSEN
- 2 kopper kogte sushi ris

VEGGIES
- 10 cherrytomater, skåret i halve eller tredjedele
- 2-3 små radiser, skåret i tynde skiver
- 1 mellemstor gulerod, skåret i tynde skiver
- 1 libanesisk agurk, skåret i tynde skiver
- 1 kop frossen afskallet edamame, optøet og drænet
- 1/2 kop syltede rødløg
- 1 avocado, skrællet, udstenet og skåret i skiver

FOR DEN GENERELLE TSO'S TOFU
- 1/2 pund fast tofu, i tern
- 2 spsk tapiokastivelse (eller majsstivelse)
- 2-3 spsk avocadoolie til madlavning

TIL SAUSEN
- 3/4 kop vand
- 2 spsk ketchup
- 2 spsk riseddike
- 2 spsk ren ahornsirup
- 2 spsk tamari
- 1 spsk ristet sesamolie
- 1 tsk sriracha
- 1/4 tsk malet ingefær
- 1/8 tsk kinesisk fem krydderi
- 2 fed hvidløg, hakket

TIL AT GARNISERE
- Sorte og hvide sesamfrø

INSTRUKTIONER:
a) Kog risene efter anvisningen på pakken, eller brug din yndlingsmetode.
b) Forbered imens dine grøntsager, men vent til det sidste med at skrælle og skære avocadoen i skiver, for at undgå bruning.
c) Skær tofuen i mundrette tern og læg dem i en mellemstor skål sammen med tapiokastivelsen; vend indtil tofuen er helt og jævnt belagt.
d) I en separat skål kombineres ingredienserne til sovsn og piskes kraftigt, indtil det er godt blandet.
e) Varm et par spiseskefulde avocadoolie op i en stor stegepande eller wok ved middelhøj varme. Når det er varmt, tilsæt forsigtigt tofu-terningerne og steg dem gyldne og sprøde på alle sider, cirka 5 minutter.
f) Tilsæt sovsn til gryden og lad den simre, indtil den er reduceret og tyknet, cirka 3 minutter, og tag derefter af varmen.
g) Saml sushiskålene: Fordel risene (eller et hvilket som helst korn du vælger at bruge) mellem 2 ret store skåle. Arranger de tilberedte grøntsager rundt om skålen oven på risene, og ske med General Tso's tofu lige i midten.
h) Pynt med sesamfrø, hvis det ønskes, og server uden forsinkelse!

41.Poké skål med tomat sashimi

INGREDIENSER:
- 15 g sprøde løg
- 160 g blancherede edamamebønner
- 150 g sushi ris
- 5 g wasabi pasta
- 1 forårsløg
- 45 g fri for mayonnaise
- 15 ml riseddike
- 15 ml mirin
- 5 g sorte sesamfrø
- 150 g forårsgrønt
- 125 g årstidens radiser
- 3 tomater
- 15 ml tamari sojasovs
- Salt, sukker, vegetabilsk olie

INSTRUKTIONER:
a) Forvarm ovnen til 220°C/200°C (blæser)/Gas 7.
b) Skyl sushirisene i en sigte under koldt rindende vand i 30 sek. Sæt til side for at dræne helt af.
c) Tilsæt de afdryppede ris med 200 ml koldt vand og et godt nip salt til en gryde med låg. Bring forsigtigt i kog, og reducer derefter varmen til lav, indtil den bobler meget forsigtigt. Kog under låg i 15 min.
d) Tag efter 15 min gryden af varmen og hold tildækket i yderligere 10 min før servering – dette er dine klæbrige ris.
e) Kog en kedel.
f) Skær et kryds meget let i bunden af tomaterne og kom dem i en stor, varmefast skål.
g) Dæk tomaterne med kogt vand, indtil de er helt nedsænket, og sæt dem til side til senere.
h) Skær radiserne fint. Kom dem i en skål med halvdelen af riseddiken og en knivspids sukker. Sæt til side til at sylte – det er dine hurtigsyltede radiser.
i) Skær forårsløg(e), og hak derefter i stave.

j) Skær hver stafet i 4 stykker på langs – dette er dit strimlede forårsløg.
k) Riv bladene af forårets greens, kassér de seje stilke.
l) Læg bladene over hinanden, rul dem sammen og riv dem fint.
m) Tilføj det strimlede forårsgrønt til en stor bageplade. Drys med en generøs knivspids salt, 1 tsk sukker og et stort skvæt vegetabilsk olie.
n) Sæt pladen i ovnen i 8-10 min eller indtil den er sprød – det er din sprøde 'tang'.
o) Dræn de udblødte tomater, og pil derefter skindet af, start fra krydset.
p) Skær tomaterne i kvarte, skrab ud og kassér kernerne. Du ender med tomatblade.
q) Kom tomatbladene tilbage i skålen og tilsæt tamari-sojasovsen og mirin. Sæt til side for at marinere – dette er din tomatsashimi.
r) Kom edamamebønnerne i en skål og lad dem stå i mikrobølgeovnen i 1 min. eller indtil rygende varme og møre med en bid.
s) Kom mayoen sammen med wasabipastaen og et lille skvæt vand i en skål – dette er din wasabi mayo.
t) Når sushirisene er færdige, røres den resterende riseddike og en knivspids sukker igennem – dette er dine klæbrige sushiris.
u) Anret de klistrede sushiris i skåle og top med tomatsashimi, kogt edamame, hurtigsyltede radiser, revet forårsløg. Server den sprøde 'tang' ved siden af.
v) Dryp den resterende sovs over sashimien og dryp wasabi mayo over edamame og radiser.
w) Drys de sprøde løg og sorte sesamfrø over.

42.Vegansk Sushi Skål med Tahinisovs

INGREDIENSER:
RIS:
- 1 kop Traditionel Sushi ris
- 1 ½ kop vand (360 ml)
- ½ tsk salt

TOFU:
- 1 Opskrift på sprød tofu eller undersprøde kikærter

GRØNTSAGER (BRUG DIN FAVORIT):
- 1 agurk, i tern
- 1 ½ kopper lilla kål, revet (135 g)
- 6-8 radiser, skåret i skiver
- 3 stilke grønne løg (valgfrit)
- 1 batch gulerodslox eller 2 store julienerede gulerødder
- 1 kop edamame (155 g)
- 1 avocado i tern

TAHINI Sovs:
- ¼ kop tahin eller jordnøddesmør eller cashewsmør
- 1 fed hvidløg, hakket
- 1 tsk frisk ingefær, revet (valgfrit)
- 1 tsk misopasta (valgfrit)
- 1 spsk ahornsirup
- 1 spsk riseddike
- 1 spsk tamari eller sojasovs
- 1 tsk sriracha (valgfrit efter smag)
- 2-4 spsk vand til ønsket konsistens

TIL GARNERING (VALGFRI):
- sesamfrø
- friske citroner eller lime
- jalapeños, skåret i skiver
- friske krydderurter (f.eks. koriander eller thailandsk basilikum)

INSTRUKTIONER:

ris:
a) Kom ris og vand i en gryde (eller riskoger) og bring det i kog.
b) Reducer varmen til lav, læg låg på og lad det simre i 15 minutter, indtil alt vandet er absorberet.
c) Fjern fra varmen og lad dampe i 10 minutter med låg på.
d) Tilsæt salt, fnug med en gaffel og stil til side.

Tofu:
e) Tilbered i mellemtiden den sprøde tofu efter denne opskrift. (Alternativt tilbered sprøde kikærter efter denne opskrift).

Grøntsager:
f) Skær agurken i tern, riv kålen med en mandolin, og skær radiser og grønne løg i skiver.
g) Hvis du ikke har gulerodslox ved hånden, så skær 2 store gulerødder i bånd med en grøntsagsskræller eller julienne.
h) Tø edamamen op efter pakkens anvisning og skær avocadoen i tern.

Tahinisovs:
i) Blend alle ingredienser til tahinisovsn i en blender, indtil den er jævn.
j) Tilsæt vand til den ønskede konsistens. (Server alternativt din sushi skål med peanut sovs).

SAML SUSHI SKÅLEN:
k) Fordel risene mellem 4 skåle.
l) Saml alle tilberedte grøntsager og sprød tofu på risene.
m) Top med avocado, sesamfrø, jalapeños og krydderurter efter ønske.
n) Server med tahinisovs og citron- eller limebåde ved siden af.

43. Skål med tangris

INGREDIENSER:

- 1 æg
- Skåret nori i tynde skiver efter behov
- Dashi, en knivspids
- ½ tsk Mirin
- ½ tsk sojasovs
- MSG, en knivspids
- Furikake, efter behov
- 1 kop kogte hvide ris

INSTRUKTIONER:

a) Læg ris i en skål og lav en lav scoop i midten.
b) Bræk hele ægget ind i midten.
c) Smag til med en halv teskefuld sojasovs, en knivspids salt, en knivspids MSG, en halv teskefuld mirin og en knivspids Dashi.
d) Rør kraftigt med spisepinde for at inkorporere ægget, det skal blive bleggult, skummende og luftigt i konsistensen.
e) Smag til og juster krydderier efter behov.
f) Drys med furikake og nori, lav en lille scoop på toppen, og tilsæt den anden æggeblomme.
g) Din ret er klar til at blive serveret.

44.Steg Sushi skål

INGREDIENSER:
- 1½ dl Sushi ris
- 4 store smørsalatblade
- ½ kop ristede jordnødder, groft hakkede
- 4 teskefulde hakket grønne løg, kun grønne dele
- 4 store shiitakesvampe, stilke fjernet og skåret i tynde skiver
- Krydret Tofu Mix
- ½ gulerod, spiralskåret eller strimlet

INSTRUKTIONER:
a) Forbered Sushi-ris og Krydret Tofu Mix.
b) Anret smørsalatbladene på en serveringsbakke.
c) Rør de tilberedte Sushi-ris, ristede jordnødder, hakkede grønne løg og shiitakesvampeskiver sammen i en mellemstor skål.
d) Fordel de blandede ris mellem salat-"skålene".
e) Pak forsigtigt risene i salatskålen.
f) Fordel den krydrede tofublanding mellem salatskålene.
g) Top hver med nogle af gulerodssnurlerne eller -strimlerne.
h) Server røreskålene med lidt sødet sojasirup.

45. Knasende stegt Tofu Sushi Skål

INGREDIENSER:
- 4 kopper tilberedt traditionel Sushi-ris
- 6 ounce fast tofu, skåret i tykke skiver
- 2 spsk kartoffelstivelse eller majsstivelse
- 1 stor æggehvide, blandet med 1 tsk vand
- ½ kop brødkrummer
- 1 tsk mørk sesamolie
- 1 tsk madolie
- ½ tsk salt
- En gulerod, skåret i 4 tændstik
- ½ avocado, skåret i tynde skiver
- 4 spsk majskerner, kogte
- 4 teskefulde hakket grønne løg, kun grønne dele
- 1 nori, skåret i tynde strimler

INSTRUKTIONER:
a) Forbered Sushi-risene.
b) Læg skiverne mellem lag køkkenrulle eller rene viskestykker og læg en tung skål ovenpå.
c) Lad tofuskiverne dryppe af i mindst 10 minutter.
d) Opvarm din ovn til 375°F.
e) Dryp de afdryppede tofuskiver i kartoffelstivelsen.
f) Kom skiverne i æggehvideblandingen og vend dem til at dække.
g) Bland panko, mørk sesamolie, salt og madolie sammen i en mellemstor skål.
h) Tryk let på nogle af panko-blandingerne på hver af tofu-skiverne.
i) Læg skiverne på en bageplade beklædt med bagepapir.
j) Bag i 10 minutter, og vend derefter skiverne.
k) Bages i yderligere 10 minutter, eller indtil panko-belægningen er sprød og gyldenbrun.
l) Tag skiverne ud af ovnen og lad dem køle lidt af.
m) Saml 4 små serveringsskåle. Fugt fingerspidserne, før du tilføjer ¾ kop sushi-ris til hver skål.
n) Flad forsigtigt overfladen af risene i hver skål. Fordel panko tofu skiverne mellem de 4 skåle.
o) Tilsæt ¼ af gulerodstændstikkerne til hver skål.
p) Læg ¼ af avocadoskiverne i hver skål. Læg 1 spiseskefuld af majskernerne oven på hver skål.
q) Til servering drysses ¼ af nori-strimlerne over hver skål. Server med sødet sojasirup eller sojasovs.

46. Ratatouille Sushi skål

INGREDIENSER:
- 2 kopper tilberedt traditionel Sushi-ris
- 4 store tomater, blancheret og skrællet
- 1 spsk hakket grønne løg, kun grønne dele
- ½ lille japansk aubergine, ristet og skåret i små tern
- 4 spsk stegte løg
- 2 spsk sesamnudleforbinding

INSTRUKTIONER:
a) Forbered sushiris og sesamnudelforbinding.
b) Kom sushiris, grønne løg, aubergine, stegte løg og sesamnudleforbinding i en mellemstor skål og bland godt.
c) Skær toppen af hver tomat væk og skrab midten ud.
d) Hæld ½ kop af den blandede Sushi-risblanding i hver tomatskål.
e) Brug bagsiden af skeen til forsigtigt at flade risene.
f) Servér tomatskålene med en gaffel.

47.Avocado sushi skål

INGREDIENSER:
- 1½ kopper tilberedt traditionel sushi-ris
- ¼ lille jicama, skrællet og skåret i tændstik
- ½ jalapeño chilipeber, kerner fjernet og hakket groft
- Saft af ½ lime
- 4 spsk Sushi-risforbinding
- ¼ avocado, skrællet, frøet og skåret i tynde skiver
- 2 friske korianderkviste, til pynt

INSTRUKTIONER:
a) Forbered Sushi-ris og Sushi-risforbinding.
b) Bland jicama-tændstikkerne, hakket jalapeño, limesaft og sushi-risforbinding i en lille ikke-metal skål. Lad smagene blande sig i mindst 10 minutter.
c) Hæld væsken fra jicama-blandingen.
d) Fugt fingerspidserne, før du tilføjer ¾ kop sushi-ris til hver skål.
e) Flad forsigtigt overfladen af risene ud.
f) Læg ½ af den marinerede jicama oven på hver skål.
g) Fordel avocadoskiverne mellem de 2 skåle, og læg hver i et smukt mønster over risene.
h) Til servering toppes hver skål med en frisk korianderkvist og Ponzu-sovs.

48.Sushiskål med æg, ost og grønne bønner

INGREDIENSER:
- 1½ kopper tilberedt traditionel sushi-ris
- 10 grønne bønner, blancheret og skåret i strimler
- 1 japansk omelet, skåret i skiver
- 4 spsk gedeost, smuldret
- 2 tsk hakkede grønne løg, kun grønne dele

INSTRUKTIONER:
a) Forbered sushiris og japansk omeletark.
b) Fugt fingerspidserne, før du tilføjer ¾ kop sushi-ris til hver skål.
c) Flad forsigtigt overfladen af risene i hver skål.
d) Fordel de grønne bønner, omelet-æggestrimler og gedeost mellem de 2 skåle i et flot mønster.
e) For at servere, drys 1 tsk grønne løg i hver skål.

49.Avocado og kikærte sushi skål

INGREDIENSER:
- 1 kop kogte traditionelle sushi-ris
- 1 dåse kikærter, drænet og skyllet
- 1 avocado, skåret i skiver
- 1 agurk, i tern
- 1 gulerod, finthakket
- 2 spsk sojasovs
- 1 spsk sesamolie
- 1 spsk riseddike
- Sesamfrø til pynt
- Nori strimler til pynt

INSTRUKTIONER:
a) Bland sojasovs, sesamolie og riseddike i en skål.
b) Smid kikærter i sojasovsblandingen og lad dem marinere i mindst 15 minutter.
c) Saml skåle med traditionel sushi-ris som base.
d) Top med marinerede kikærter, skåret avocado, agurk i tern og gulerod.
e) Pynt med sesamfrø og nori-strimler.

FRUGT SUSHI SKÅLE

50.Fersken Sushi skål

INGREDIENSER:
- 2 kopper tilberedt traditionel Sushi-ris
- 1 stor fersken, frøet og skåret i 12 skiver
- ½ kop Sushi-risforbinding
- ½ tsk hvidløg chilisovs
- Stænk mørk sesamolie
- 1 bundt brøndkarse, tykke stængler fjernet

EKSTRA TOPPINGS
- Avocado
- Laks
- Tunfisk

INSTRUKTIONER:
a) Forbered Sushi-ris og ekstra Sushi-risforbinding.
b) Læg ferskenbådene i en mellemstor skål. Tilsæt Sushi-risforbindingen, hvidløg chilisovs og mørk sesamolie.
c) Giv ferskerne et godt skub i marinaden, inden du dækker dem.
d) Lad ferskerne sætte sig ved stuetemperatur i marinaden i mindst 30 minutter og op til 1 time.
e) Fugt fingerspidserne, før du lægger ½ kop af de tilberedte Sushi-ris i hver skål.
f) Flad forsigtigt overfladen af risene ud.
g) Fordel toppings jævnt i et attraktivt mønster over toppen af hver skål, så 3 ferskenskiver pr. portion.
h) Server med en gaffel og sojasovs til dypning.

51. Appelsin Sushi kopper

INGREDIENSER:
- 1 kop tilberedt traditionel sushi-ris
- 2 kernefri navleappelsiner
- 2 tsk plukket blommepasta
- 2 tsk ristede sesamfrø
- 4 store shiso-blade eller basilikumblade
- 4 teskefulde hakket grønne løg, kun grønne dele
- 4 imiterede krabbestokke, benstil
- 1 ark nori

INSTRUKTIONER:
a) Forbered Sushi-risene.
b) Skær appelsinerne i halve på kryds og tværs. Fjern en lille skive fra bunden af hver halvdel, så hver af dem sætter sig fladt på skærebrættet. Brug en ske til at fjerne indersiden fra hver halvdel. Reservér enhver juice, frugtkød og segmenter til anden brug, såsom Ponzu-sovs.
c) Dyp fingerspidserne i vand og læg ca. 2 spsk af de tilberedte Sushi-ris i hver appelsinskål.
d) Smør ½ tsk af den syltede blommepasta over risene. Tilføj yderligere 2 spsk lag ris til hver af skålene. Drys ½ tsk af de ristede sesamfrø over risene.
e) Stik et shiso-blad ind i hjørnet af hver skål. Læg 1 tsk af de grønne løg foran shiso-bladene i hver skål. Tag de imiterede krabbesticks og gnid dem mellem dine håndflader for at rive dem, eller brug en kniv til at skære dem i skiver. Læg en krabbe til en værdi af en pind oven på hver skål.
f) Til servering skæres norien i tændstikstrimler med en kniv. Top hver skål med nogle af nori-strimlerne. Server med sojasovs.

52. Tropisk paradisFrugt Sushi Skål

INGREDIENSER:
- 1 kop sushi ris, kogte
- 1 mango, skåret i skiver
- 1 kiwi, skåret i skiver
- 1/2 kop ananas, skåret i tern
- 1/4 kop revet kokosnød
- 2 spsk sorte sesamfrø
- Honning til støvregn

INSTRUKTIONER:
a) Læg de kogte sushiris i en skål.
b) Anret mango-, kiwi- og ananasskiver ovenpå risene.
c) Drys revet kokos og sorte sesamfrø over frugten.
d) Dryp honning over skålen.
e) Server og nyd!

53.Bær Lyksalighed Frugt Sushi Skål

INGREDIENSER:
- 1 kop sushi ris, kogte
- 1 kop blandede bær (jordbær, blåbær, hindbær)
- 1 banan, skåret i skiver
- 1/4 kop granola
- 2 spsk chiafrø
- Græsk yoghurt til topping

INSTRUKTIONER:
a) Fordel de kogte sushiris i en skål.
b) Arranger de blandede bær, bananskiver og granola ovenpå.
c) Drys chiafrø over skålen.
d) Tilføj en klat græsk yoghurt på siden eller på toppen.
e) Server straks.

54.Citrus Glæde FrugtSushi Skål

INGREDIENSER:
- 1 kop sushi ris, kogte
- 1 appelsin, segmenteret
- 1 grapefrugt, segmenteret
- 1/2 kop granatæblekerner
- Mynteblade til pynt
- 2 spsk pistacienødder, hakkede

INSTRUKTIONER:
a) Læg de kogte sushiris i en skål.
b) Arranger appelsin- og grapefrugtsegmenterne ovenpå.
c) Drys granatæblekerner og hakkede pistacienødder over frugten.
d) Pynt med friske mynteblade.
e) Server og nyd den citrusagtige godhed.

55.Chokolade Banan Frugt Sushi skål

INGREDIENSER:
- 1 kop sushi ris, kogte
- 2 bananer, skåret i skiver
- 2 spsk kakaopulver
- 2 spsk ahornsirup
- 1/4 kop chokoladechips
- Mandler til topping

INSTRUKTIONER:
a) Bland kakaopulver og ahornsirup i de kogte sushiris.
b) Læg risene med chokoladesmag i en skål.
c) Anret bananskiver ovenpå og drys chokoladechips.
d) Tilsæt hakkede mandler for en sprød tekstur.
e) Server og nyd chokoladebananfryden.

56. Æble kanelrulle frugt sushi skål

INGREDIENSER:
- 1 kop sushiris, kogte
- 1 æble, skåret i tynde skiver
- 2 spsk kanelsukker
- 1/4 kop rosiner
- 1/4 kop hakkede valnødder
- Græsk yoghurt til topping

INSTRUKTIONER:
a) Fordel de kogte sushiris i en skål.
b) Arranger æbleskiverne ovenpå.
c) Drys kanelsukker, rosiner og hakkede valnødder over skålen.
d) Tilføj en klat græsk yoghurt for en cremet finish.
e) Nyd godheden af æblekanel!

57.Kiwi Jordbær Mynte Frugt Sushi skål

INGREDIENSER:

- 1 kop sushi ris, kogte
- 2 kiwi, skåret i skiver
- 1 kop jordbær, skåret i skiver
- Friske mynteblade
- 2 spsk honning
- 1/4 kop skivede mandler

INSTRUKTIONER:

a) Læg de kogte sushiris i en skål.
b) Anret kiwi- og jordbærskiver ovenpå.
c) Pynt med friske mynteblade.
d) Dryp honning over skålen.
e) Drys skivede mandler for ekstra crunch.
f) Server og nyd de forfriskende smage.

58.Pina Colada Frugt Sushi skål

INGREDIENSER:
- 1 kop sushi ris, kogte
- 1 kop ananas stykker
- 1/2 kop kokosflager
- 1/4 kop macadamianødder, hakket
- Kokosyoghurt til topping
- Ananasjuice til drypning

INSTRUKTIONER:
a) Fordel de kogte sushiris i en skål.
b) Anret ananasstykker ovenpå.
c) Drys kokosflager og hakkede macadamianødder.
d) Tilføj en kugle kokosyoghurt ved siden af.
e) Dryp ananasjuice over skålen.
f) Dyk ned i de tropiske smage!

59. Mango Avocado Lyksalighed Frugt Sushi Skål

INGREDIENSER:
- 1 kop sushi ris, kogte
- 1 mango i tern
- 1 avocado, skåret i skiver
- 1/4 kop rødløg, finthakket
- 2 spsk koriander, hakket
- Limebåde til servering

INSTRUKTIONER:
a) Læg de kogte sushiris i en skål.
b) Anret mango- og avocadostykker ovenpå.
c) Drys hakket rødløg og koriander.
d) Server med limebåde for en ekstra smagsoplevelse.
e) Nyd fusionen af mango og avocado lyksalighed!

OKSEBEØD SUSHI SKÅLE

60.Teriyaki Bøf Sushi Skål

INGREDIENSER:
- 1 lb oksehøjreb eller flankebøf, skåret i tynde skiver
- 1/4 kop sojasovs
- 2 spsk mirin
- 1 spsk honning
- 1 spsk sesamolie
- 1 tsk revet ingefær
- 1 fed hvidløg, hakket
- 2 kopper kogte traditionelle Sushi-ris
- Grønne løg i skiver og sesamfrø til pynt

INSTRUKTIONER:
a) Bland sojasovs, mirin, honning, sesamolie, revet ingefær og hakket hvidløg i en skål for at skabe marinaden.
b) Smid tyndt skåret oksekød i marinaden og stil på køl i mindst 30 minutter.
c) Steg det marinerede oksekød i en varm stegepande, indtil det er tilberedt efter din smag.
d) Saml skåle med traditionel sushi-ris som base.
e) Top med teriyaki oksekød, skiver grønne løg og sesamfrø. Server og nyd!

61.Koreansk Bulgogi Bøf Sushi Skål

INGREDIENSER:
- 1 lb bøf ribeye, skåret i tynde skiver
- 1/4 kop sojasovs
- 2 spsk brun farin
- 1 spsk sesamolie
- 1 spsk mirin
- 2 grønne løg, skåret i skiver
- 1 gulerod, finthakket
- 2 kopper kogte traditionelle Sushi-ris
- Kimchi til pynt

INSTRUKTIONER:
a) Bland sojasovs, brun farin, sesamolie og mirin for at skabe marinaden.
b) Mariner tyndt skåret oksekød i blandingen i mindst 1 time.
c) Steg det marinerede oksekød i en varm stegepande, indtil det er karamelliseret og gennemstegt.
d) Lav skåle med traditionel sushi-ris som base.
e) Top med bulgogi oksekød, skiver grønne løg, julienned gulerødder og kimchi.

62.Thai basilikum oksekød sushi skål

INGREDIENSER:
- 1 lb oksehøjreb, skåret i tynde skiver
- 1/4 kop sojasovs
- 2 spsk østerssovs
- 1 spsk fiskesovs
- 1 spsk brun farin
- 1 kop friske basilikumblade
- 1 rød peberfrugt, skåret i skiver
- 2 kopper kogte traditionelle Sushi-ris
- Knuste jordnødder til pynt

INSTRUKTIONER:
a) Kombiner sojasovs, østerssovs, fiskesovs og brun farin for at lave marinaden.
b) Mariner tyndt skåret oksekød i blandingen i mindst 30 minutter.
c) Steg det marinerede oksekød i en varm stegepande, indtil det er brunet og gennemstegt.
d) Saml skåle med traditionel sushi-ris som base.
e) Top med thailandsk basilikum, skåret rød peberfrugt og friske basilikumblade. Pynt med knuste peanuts.

63.Krydret Sriracha Bøf Sushi Skål

INGREDIENSER:
- 1 lb oksehøjreb, skåret i tynde skiver
- 1/4 kop sojasovs
- 2 spsk sriracha sovs
- 1 spsk honning
- 1 spsk limesaft
- 1 kop revet kål
- 1 mango i tern
- 2 kopper kogte traditionelle Sushi-ris
- Hakket koriander til pynt

INSTRUKTIONER:
a) Bland sojasovs, srirachasovs, honning og limesaft for at skabe marinaden.
b) Mariner tyndt skåret oksekød i blandingen i mindst 30 minutter.
c) Steg det marinerede oksekød i en varm stegepande, indtil det er brunet og gennemstegt.
d) Saml skåle med traditionel sushi-ris som base.
e) Top med krydret sriracha-oksekød, strimlet kål og mango i tern. Pynt med hakket koriander.

64.Hvidløg-Lime Nederdel Bøf Sushi Skål

INGREDIENSER:
- 1 lb nederdel bøf, i tynde skiver
- 1/4 kop sojasovs
- 2 spsk olivenolie
- 3 fed hvidløg, hakket
- Skal og saft af 1 lime
- 1 rødløg, skåret i tynde skiver
- 1 kop cherrytomater, halveret
- 2 kopper kogte traditionelle Sushi-ris
- Frisk persille til pynt

INSTRUKTIONER:
a) Kombiner sojasovs, olivenolie, hakket hvidløg, limeskal og limesaft i en skål for at skabe marinaden.
b) Mariner tynde skiver skørtbøf i blandingen i mindst 30 minutter.
c) Steg den marinerede bøf i en varm stegepande, indtil den er tilberedt efter din smag.
d) Saml skåle med traditionel sushi-ris som base.
e) Top med hvidløg-lime skørt bøf, skiver rødløg og cherrytomater. Pynt med frisk persille.

65.Cilantro-Lime Bøf Sushi Skål

INGREDIENSER:

- 1 lb oksehøjreb, skåret i tynde skiver
- 1/4 kop sojasovs
- 2 spsk limesaft
- 1 spsk fiskesovs
- 2 tsk honning
- 1 kop jicama, julieneret
- 1 rød peberfrugt, skåret i tynde skiver
- 2 kopper kogte traditionelle Sushi-ris
- Knuste jordnødder til pynt

INSTRUKTIONER:

a) Bland sojasovs, limesaft, fiskesovs og honning for at skabe marinaden.
b) Mariner tyndt skåret oksekød i blandingen i mindst 30 minutter.
c) Steg det marinerede oksekød i en varm stegepande, indtil det er brunet og gennemstegt.
d) Lav skåle med traditionel sushi-ris som base.
e) Top med koriander-lime oksekød, julienned jicama, skåret rød peberfrugt og knuste jordnødder.

66.RøgfyldtChipotle Bøf Sushi Skål

INGREDIENSER:
- 1 lb oksemørbrad, skåret i tynde skiver
- 1/4 kop sojasovs
- 2 spsk adobo sovs (fra dåse chipotle peberfrugter)
- 1 spsk honning
- 1 tsk røget paprika
- 1 avocado, skåret i skiver
- 1 kop sorte bønner, drænet og skyllet
- 2 kopper kogte traditionelle Sushi-ris
- Grønne løg i skiver til pynt

INSTRUKTIONER:
a) Pisk sojasovs, adobosovs, honning og røget paprika sammen for at skabe marinaden.
b) Mariner tyndt skåret oksekød i blandingen i mindst 30 minutter.
c) Steg det marinerede oksekød i en varm stegepande, indtil det er brunet og gennemstegt.
d) Saml skåle med traditionel sushi-ris som base.
e) Top med røget chipotle oksekød, skiver avocado, sorte bønner og skiver grønne løg.

67.Hoisin-Ingefær Bøf Sushi Skål

INGREDIENSER:
- 1 lb oksehøjreb, skåret i tynde skiver
- 1/4 kop hoisinsovs
- 2 spsk sojasovs
- 1 spsk riseddike
- 1 spsk revet ingefær
- 1 kop sneærter, skåret i skiver
- 1 gulerod, finthakket
- 2 kopper kogte traditionelle Sushi-ris
- Sesamfrø til pynt

INSTRUKTIONER:
a) Kombiner hoisinsovs, sojasovs, riseddike og revet ingefær for at skabe marinaden.
b) Mariner tyndt skåret oksekød i blandingen i mindst 30 minutter.
c) Steg det marinerede oksekød i en varm stegepande, indtil det er brunet og gennemstegt.
d) Lav skåle med traditionel sushi-ris som base.
e) Top med hoising-ingefær oksekød, snittede sneærter, juliennede gulerod og drys med sesamfrø.

68.Bøf og Avocado Sushi Skål

INGREDIENSER:
- 1 kop sushi ris, kogte
- 1 kop grillet bøf, skåret i skiver
- 1 avocado, skåret i skiver
- 1/4 kop cherrytomater, halveret
- 1/4 kop rødløg, skåret i tynde skiver
- Balsamicoglasur til drypning
- Friske basilikumblade til pynt

INSTRUKTIONER:
a) Fordel de kogte sushiris i en skål.
b) Læg skåret grillet bøf ovenpå.
c) Tilsæt avocado i skiver, halverede cherrytomater og rødløg i tynde skiver.
d) Dryp balsamicoglasur over skålen.
e) Pynt med friske basilikumblade.
f) Server og nyd bøffen og avocado-godheden!

69. Sesam Ingefær Bøf Sushi Skål

INGREDIENSER:
- 1 kop sushi ris, kogte
- 1 kop sesam ingefær marineret oksekød, kogt
- 1/2 kop snapsærter, blancherede
- 1/4 kop revet gulerødder
- 1/4 kop rødkål, skåret i tynde skiver
- Ingefær sojaforbinding til drypning
- Grønne løg til pynt

INSTRUKTIONER:
a) Fordel de kogte sushiris i en skål.
b) Læg kogt sesam ingefær oksekød ovenpå.
c) Tilsæt blancherede snapsærter, strimlede gulerødder og tyndt skåret rødkål.
d) Dryp ingefær sojaforbinding over skålen.
e) Pynt med hakkede grønne løg.
f) Server og nyd den lækre sesam ingefær oksekød sushi skål!

70.Sprødt Bøf Tempura Sushi Skål

INGREDIENSER:
- 1 kop sushi ris, kogte
- 1 kop oksekød tempura, skåret i skiver
- 1/2 kop avocado, skåret i skiver
- 1/4 kop syltet ingefær
- 1/4 kop strimlet nori (tang)
- Tempura dipsovs til drypping

INSTRUKTIONER:
a) Fordel de kogte sushiris i en skål.
b) Læg tempura i skiver af oksekød ovenpå.
c) Tilsæt avocado i skiver og syltet ingefær.
d) Drys strimlet nori over skålen.
e) Dryp tempura dipsovs.
f) Server og nyd den sprøde og sprøde oksekød tempura sushi skål!

71.Mexicansk oksekød Fajita Sushi Skål

INGREDIENSER:
- 1 kop sushi ris, kogte
- 1 kop oksekød fajita strimler, grillet
- 1/2 kop sorte bønner, drænet og skyllet
- 1/4 kop majskerner, grillede
- 1/4 kop cherrytomater, i kvarte
- Sovs og creme fraiche til topping
- Frisk koriander til pynt

INSTRUKTIONER:
a) Fordel de kogte sushiris i en skål.
b) Læg grillede oksefajita-strimler ovenpå.
c) Tilsæt sorte bønner, grillet majs og kvarte cherrytomater.
d) Top med sovs og creme fraiche.
e) Pynt med frisk koriander.
f) Server og nyd den mexicansk-inspirerede oksekød fajita sushi skål!

72.Philly Ostbøf Sushi Skål

INGREDIENSER:
- 1 kop sushi ris, kogte
- 1 kop oksebøf i tynde skiver, kogt
- 1/2 kop peberfrugt, skåret i tynde skiver
- 1/4 kop karameliserede løg
- 1/4 kop provolone eller smeltet ost
- Hoagiesovs til drypning
- Frisk persille til pynt

INSTRUKTIONER:
a) Fordel de kogte sushiris i en skål.
b) Læg den kogte oksebøf ovenpå.
c) Tilsæt tyndt skåret peberfrugt og karamelliserede løg.
d) Dryp hoagiesovs over skålen.
e) Top med smeltet ost.
f) Pynt med frisk persille.
g) Server og nyd smagen af en Philly Ostbøf i sushi skålform!

73. Oksekød og Mango Tango Sushi Skål

INGREDIENSER:
- 1 kop sushi ris, kogte
- 1 kop okse mørbrad strimler, grillet
- 1/2 kop mango i tern
- 1/4 kop rødløg, finthakket
- 1/4 kop koriander, hakket
- Mango vinaigrette til dryp
- Knuste jordnødder til pynt

INSTRUKTIONER:
a) Fordel de kogte sushiris i en skål.
b) Læg strimler af grillet oksekød ovenpå.
c) Tilsæt mango i tern, finthakket rødløg og hakket koriander.
d) Dryp mango vinaigrette over skålen.
e) Pynt med knuste peanuts.
f) Server og nyd den søde og salte oksekød og mango Tango Sushi Skål!

74.Satay Bøf Sushi Skål

INGREDIENSER:
- 1 kop sushi ris, kogte
- 1 kop oksekød strimler, marineret og grillet i satay sovs
- 1/2 kop agurk, skåret i skiver
- 1/4 kop revet gulerødder
- 1/4 kop jordnødder, hakkede
- Satay-sovs til dryp
- Friske mynteblade til pynt

INSTRUKTIONER:
a) Fordel de kogte sushiris i en skål.
b) Læg grillede sataybøf-strimler ovenpå.
c) Tilsæt skåret agurk, revet gulerødder og hakkede jordnødder.
d) Dryp sataysovs over skålen.
e) Pynt med friske mynteblade.
f) Server og nyd den lækre Satay Bøf Sushi Skål!

SVINEKØD SUSHI SKÅLE

75.Skinke og fersken sushi skål

INGREDIENSER:
- 2 kopper tilberedt traditionel Sushi-ris
- 1 stor fersken, frøet og skåret i 12 skiver
- ½ kop Sushi-risforbinding
- ½ tsk hvidløg chilisovs
- Stænk mørk sesamolie
- 4 ounce prosciutto, skåret i tynde strimler
- 1 bundt brøndkarse, tykke stængler fjernet

INSTRUKTIONER:
a) Forbered Sushi-ris og ekstra Sushi-risforbinding.
b) Læg ferskenbådene i en mellemstor skål. Tilsæt Sushi-risforbindingen, hvidløg chilisovs og mørk sesamolie. Giv ferskerne et godt skub i marinaden, inden de dækkes. Lad ferskerne sætte sig ved stuetemperatur i marinaden i mindst 30 minutter og op til 1 time.
c) Saml 4 små serveringsskåle. Gør fingerspidserne fugtige, før du lægger ½ kop (100 g) af de tilberedte Sushi-ris i hver skål. Flad forsigtigt overfladen af risene ud. Fordel toppings jævnt i et attraktivt mønster over toppen af hver skål, så 3 ferskenskiver pr. portion. (Du kan dræne det meste af væsken fra ferskerne, før du topper skålene, men dup dem ikke tørre.)
d) Server med en gaffel og sojasovs til dypning, hvis det ønskes.

76.Grillet Short Ribs Sushi Skål

INGREDIENSER:
- 2 kopper (400 g) Traditionel Sushi-ris, Hurtig og nem Mikrobølgesushi-ris eller brun Sushi-ris
- 1 lb (500 g) udbenet svineribbe
- 2 spsk råsukker eller lys brun farin
- 1 spsk riseddike
- 2 spsk madolie
- 2 tsk sojasovs
- ½ tsk hakket hvidløg
- 2 spsk hakket krystalliseret ingefær
- ½ avocado, skrællet, kernet og skåret i tynde skiver
- ¼ engelsk agurk (japansk agurk), udsået og skåret i tændstik
- ¼ kop (60 g) tørret mango, skåret i tynde strimler

INSTRUKTIONER:
a) Forbered Sushi-risene.
b) Gnid de korte ribben med sukkeret. Bland riseddike, madolie, sojasovs og hakket hvidløg sammen i en mellemstor skål. Læg ribbenene i skålen og vend dem flere gange, så de dækker. Dæk dem til og lad dem marinere i 30 minutter.
c) Opvarm din slagtekylling til 500°F (260°C). Læg de korte ribben på en slagtekyllingspande eller bageplade. Steg i cirka 5 minutter på hver side. Fjern de korte ribber fra bakken og lad dem køle af. Skær de korte ribben i ½-tommer (1,25 cm) stykker. (Hvis de korte ribben har ben, vil du gerne fjerne kødet fra knoglerne.)
d) Saml 4 små serveringsskåle. Fugt fingerspidserne, før du lægger ½ kop (100 g) af Sushi-risene i hver skål. Flad forsigtigt overfladen af risene ud. Drys ½ spsk af den hakkede krystalliserede ingefær over risene. Fordel de korte ribben mellem de 4 skåle.
e) Arranger ¼ af avocadoskiverne, agurketændstikkerne og mangostrimlerne i et smukt mønster over risskålen.
f) Server med sødet sojasirup, hvis det ønskes.

77.Teriyaki svinekød sushi skål

INGREDIENSER:
- 1 lb svinemørbrad, skåret i tynde skiver
- 1/4 kop sojasovs
- 2 spsk mirin
- 1 spsk honning
- 1 spsk sesamolie
- 1 tsk revet hvidløg
- 1 agurk, skåret i tynde skiver
- 1 kop ananas stykker
- 2 kopper kogte sushi ris
- Grønne løg til pynt

INSTRUKTIONER:
a) Bland sojasovs, mirin, honning, sesamolie og revet hvidløg for at skabe marinaden.
b) Mariner tyndt skåret svinekød i blandingen i mindst 30 minutter.
c) Steg det marinerede svinekød i en varm stegepande, indtil det er brunet og gennemstegt.
d) Saml skåle med sushiris som bund.
e) Top med teriyaki svinekød, skåret agurk, ananas bidder, og pynt med grønne løg.

78.Krydret Sriracha svinekød Sushi Skål

INGREDIENSER:
- 1 lb svinekød, skåret i tynde skiver
- 1/4 kop sojasovs
- 2 spsk sriracha sovs
- 1 spsk honning
- 1 spsk limesaft
- 1 kop rødkål, strimlet
- 1 mango i tern
- 2 kopper kogte traditionelle Sushi-ris
- Hakket koriander til pynt

INSTRUKTIONER:
a) Kombiner sojasovs, srirachasovs, honning og limesaft for at skabe marinaden.
b) Mariner tyndt skåret svinekød i blandingen i mindst 30 minutter.
c) Steg det marinerede svinekød i en varm stegepande, indtil det er brunet og gennemstegt.
d) Lav skåle med traditionel sushi-ris som base.
e) Top med krydret sriracha-svinekød, revet rødkål, mango i tern, og pynt med hakket koriander.

79. Ananas ingefær svinekød sushi skål

INGREDIENSER:
- 1 lb svinekam, skåret i tynde skiver
- 1/4 kop sojasovs
- 2 spsk ananasjuice
- 1 spsk revet ingefær
- 1 spsk brun farin
- 1 kop edamame, dampet
- 1 rød peberfrugt, skåret i tynde skiver
- 2 kopper kogte traditionelle Sushi-ris
- Sesamfrø til pynt

INSTRUKTIONER:
a) Pisk sojasovs, ananasjuice, revet ingefær og farin sammen for at skabe marinaden.
b) Mariner tyndt skåret svinekød i blandingen i mindst 30 minutter.
c) Steg det marinerede svinekød i en varm stegepande, indtil det er brunet og gennemstegt.
d) Saml skåle med traditionel sushi-ris som base.
e) Top med ananas ingefær svinekød, dampet edamame, skåret rød peberfrugt, og drys med sesamfrø.

80.Koreansk BBQ Svinekød Sushi Skål

INGREDIENSER:
- 1 lb svinekød, skåret i tynde skiver
- 1/4 kop sojasovs
- 2 spsk gochujang (koreansk rød peberpasta)
- 1 spsk sesamolie
- 1 spsk brun farin
- 1 kop kimchi
- 1 agurk, skåret i skiver
- 2 kopper kogte sushi ris
- Sesamfrø til pynt

INSTRUKTIONER:
a) Pisk sojasovs, gochujang, sesamolie og brun farin sammen for at skabe marinaden.
b) Mariner tynde skiver svinekød i blandingen i mindst 30 minutter.
c) Steg det marinerede svinekød i en varm stegepande, indtil det er brunet og gennemstegt.
d) Saml skåle med sushiris som bund.
e) Top med koreansk BBQ svinekød, kimchi, skåret agurk, og drys med sesamfrø.

81.Thai basilikum svinekød sushi skål

INGREDIENSER:
- 1 lb hakket svinekød
- 1/4 kop sojasovs
- 2 spsk østerssovs
- 1 spsk fiskesovs
- 1 spsk brun farin
- 1 kop friske basilikumblade
- 1 peberfrugt, skåret i tynde skiver
- 2 kopper kogte traditionelle Sushi-ris
- Knuste røde peberflager til pynt

INSTRUKTIONER:
a) Bland sojasovs, østerssovs, fiskesovs og brun farin i en skål for at skabe marinaden.
b) Kog hakket svinekød i en stegepande, indtil det er brunet, tilsæt derefter marinaden og steg, indtil sovsn tykner.
c) Saml skåle med traditionel sushi-ris som base.
d) Top med thailandsk basilikumsvinekød, skåret peberfrugt, og pynt med knuste røde peberflager.

82.BBQ Trukket svinekødSushi Skål

INGREDIENSER:
- 1 lb pulled svinekød
- 1/4 kop BBQ sovs
- 2 spsk æblecidereddike
- 1 spsk honning
- 1 kop coleslaw blanding
- 1/2 rødløg, skåret i tynde skiver
- 2 kopper kogte traditionelle Sushi-ris
- Hakket grønne løg til pynt

INSTRUKTIONER:
a) I en skål blandes Trukket svinekødmed BBQ sovs, æblecidereddike og honning.
b) Saml skåle med traditionel sushi-ris som base.
c) Top med BBQ pulled svinekød, coleslawblanding og skåret rødløg.
d) Pynt med hakkede grønne løg og nyd denne BBQ-inspirerede sushiskål!

83.Æbleciderglaseret svinekød Sushi skål

INGREDIENSER:
- 1 lb svinemørbrad, skåret i tynde skiver
- 1/4 kop æblecider
- 2 spsk sojasovs
- 1 spsk dijonsennep
- 1 spsk ahornsirup
- 1 æble, skåret i tynde skiver
- 1 kop rødkål, strimlet
- 2 kopper kogte traditionelle Sushi-ris
- Hakket persille til pynt

INSTRUKTIONER:
a) Pisk æblecider, sojasovs, dijonsennep og ahornsirup sammen for at skabe glasuren.
b) Mariner tyndt skåret svinemørbrad i glasuren i mindst 30 minutter.
c) Steg det marinerede svinekød i en varm stegepande, indtil det er brunet og gennemstegt.
d) Saml skåle med traditionel sushi-ris som base.
e) Top med æbleciderglaseret svinekød, skåret æble, revet rødkål, og pynt med hakket persille.

84. Honning sennep svinekød sushi skål

INGREDIENSER:

- 1 lb svinekam, skåret i tynde skiver
- 1/4 kop dijonsennep
- 2 spsk honning
- 1 spsk sojasovs
- 1 spsk olivenolie
- 1 kop snapsærter, skåret i skiver
- 1 peberfrugt, skåret i tern
- 2 kopper kogte traditionelle Sushi-ris
- Knuste jordnødder til pynt

INSTRUKTIONER:

a) Bland dijonsennep, honning, sojasovs og olivenolie i en skål for at skabe marinaden.
b) Mariner tynde skiver svinekam i blandingen i mindst 30 minutter.
c) Steg det marinerede svinekød i en varm stegepande, indtil det er brunet og gennemstegt.
d) Lav skåle med traditionel sushi-ris som base.
e) Top med honning sennep svinekød, snittede ærter, hakket peberfrugt, og pynt med knuste peanuts.

85.Krydret Svinekød Rulle Sushi Skål

INGREDIENSER:
- 1 kop sushi ris, kogte
- 1 kop krydret svinepølse, smuldret og kogt
- 1/2 kop kimchi, hakket
- 1/4 kop agurk, i tern
- 1/4 kop avocado, skåret i skiver
- Sriracha mayo til at drysse
- Nori strimler til pynt

INSTRUKTIONER:
a) Fordel de kogte sushiris i en skål.
b) Læg smuldret og kogt krydret svinepølse ovenpå.
c) Tilsæt hakket kimchi, agurk i tern og skåret avocado.
d) Dryp Sriracha mayo over skålen.
e) Pynt med nori-strimler.
f) Server og nyd den krydrede svinerullesmag!

86.Svinemave Bibimbap Sushi Skål

INGREDIENSER:
- 1 kop sushi ris, kogte
- 1 kop flæskesvær skiver, grillet eller stegt
- 1/2 kop spinat, sauteret
- 1/4 kop gulerødder, julienerede og syltede
- 1/4 kop bønnespirer, blancheret
- Gochujang sovs til dryppende
- Sesamfrø til pynt

INSTRUKTIONER:
a) Fordel de kogte sushiris i en skål.
b) Læg skiver af grillet eller ristet svinekød på toppen.
c) Tilsæt sauteret spinat, syltede gulerødder og blancherede bønnespirer.
d) Dryp Gochujang sovs over skålen.
e) Drys sesamfrø til pynt.
f) Server og nyd den koreansk-inspirerede bibimbap sushiskål med svinekød!

87. Sushi skål med skinke og ananas

INGREDIENSER:
- 1 kop sushi ris, kogte
- 1 kop skinke i tern
- 1/2 kop ananas bidder
- 1/4 kop rød peberfrugt, skåret i tern
- 1/4 kop spidskål, skåret i skiver
- Sød og sur sovs til dryp
- Sesamfrø til pynt

INSTRUKTIONER:
a) Fordel de kogte sushiris i en skål.
b) Læg skinke i tern ovenpå.
c) Tilsæt ananasstykker, rød peberfrugt i tern og skåret spidskål.
d) Dryp sød og sur sovs over skålen.
e) Drys sesamfrø til pynt.
f) Server og nyd kombinationen af søde og salte skinke og ananas!

88. Bacon Avocado Sushi skål

INGREDIENSER:
- 1 kop sushi ris, kogte
- 1 kop kogt bacon, smuldret
- 1 avocado, skåret i skiver
- 1/4 kop cherrytomater, halveret
- 1/4 kop rucola
- Ranch forbinding til støvregn
- Purløg til pynt

INSTRUKTIONER:
a) Fordel de kogte sushiris i en skål.
b) Læg smuldret kogt bacon ovenpå.
c) Tilsæt avocado i skiver, halverede cherrytomater og rucola.
d) Dryp ranchforbinding over skålen.
e) Pynt med hakket purløg.
f) Server og nyd den lækre bacon og avocado kombination!

89.Pølse og æg morgenmad Sushi skål

INGREDIENSER:
- 1 kop sushi ris, kogte
- 1 kop morgenmadspølse, kogt og smuldret
- 2 æg, rørte
- 1/4 kop cheddarost, revet
- 1/4 kop peberfrugt, skåret i tern
- Varm sovs til dryppende
- Frisk persille til pynt

INSTRUKTIONER:
a) Fordel de kogte sushiris i en skål.
b) Læg smuldret kogt morgenmadspølse ovenpå.
c) Tilsæt røræg, revet cheddarost og peberfrugt i tern.
d) Dryp varm sovs over skålen.
e) Pynt med frisk persille.
f) Server og nyd en velsmagende morgenmadsinspireret sushiskål!

FJERKRÆ SUSHI SKÅLE

90.Teriyaki kylling sushi skål

INGREDIENSER:
- 1 lb kyllingebryst, skåret i tynde skiver
- 1/4 kop sojasovs
- 2 spsk mirin
- 1 spsk honning
- 1 spsk sesamolie
- 1 tsk revet ingefær
- 1 kop edamame, dampet
- 1 avocado, skåret i skiver
- 2 kopper kogte sushi ris
- Sesamfrø til pynt

INSTRUKTIONER:
a) Bland sojasovs, mirin, honning, sesamolie og revet ingefær for at skabe marinaden.
b) Mariner tynde skiver kyllingebryst i blandingen i mindst 30 minutter.
c) Steg den marinerede kylling i en varm stegepande, indtil den er brunet og gennemstegt.
d) Saml skåle med sushiris som bund.
e) Top med teriyaki kylling, dampet edamame, skåret avocado, og drys med sesamfrø.

91.Mango Sovs Kylling Sushi skål

INGREDIENSER:
- 1 lb kyllingelår, udbenet og uden skind
- 1/4 kop limesaft
- 2 spsk honning
- 1 tsk stødt spidskommen
- 1 tsk chilipulver
- 1 mango i tern
- 1 rødløg, finthakket
- 2 kopper kogte traditionelle Sushi-ris
- Frisk koriander til pynt

INSTRUKTIONER:
a) Bland limesaft, honning, stødt spidskommen og chilipulver for at skabe marinaden.
b) Mariner kyllingelår i blandingen i mindst 30 minutter.
c) Grill eller steg den marinerede kylling, indtil den er gennemstegt.
d) Saml skåle med traditionel sushi-ris som base.
e) Top med mango sovs kylling, hakket mango, hakket rødløg, og pynt med frisk koriander.

92.Sød Chili Lime Kylling Sushi Skål

INGREDIENSER:
- 1 lb kyllingemøre, skåret i strimler
- 1/4 kop sød chilisovs
- 2 spsk sojasovs
- 1 spsk limesaft
- 1 spsk honning
- 1 kop strimlet lilla kål
- 1 gulerod, finthakket
- 2 kopper kogte traditionelle Sushi-ris
- Hakkede jordnødder til pynt

INSTRUKTIONER:
a) Bland sød chilisovs, sojasovs, limesaft og honning for at skabe marinaden.
b) Mariner kyllingemøre i blandingen i mindst 30 minutter.
c) Steg den marinerede kylling i en varm stegepande, indtil den er brunet og gennemstegt.
d) Saml skåle med traditionel sushi-ris som base.
e) Top med sød chili lime kylling, strimlet lilla kål, julienned gulerod, og pynt med hakkede peanuts.

93. Appelsin ingefær glaseret kalkun sushi skål

INGREDIENSER:
- 1 pund malet kalkun
- 1/4 kop sojasovs
- 2 spsk appelsinmarmelade
- 1 spsk riseddike
- 1 tsk revet ingefær
- 1 appelsin, segmenteret
- 1 kop revet gulerødder
- 2 kopper kogte traditionelle Sushi-ris
- Grønne løg i skiver til pynt

INSTRUKTIONER:
a) Bland sojasovs, appelsinmarmelade, riseddike og revet ingefær i en skål for at skabe glasuren.
b) Kog malet kalkun, indtil den er brunet, og tilsæt derefter glasuren under omrøring, indtil den er belagt.
c) Lav skåle med traditionel sushi-ris som base.
d) Top med appelsin ingefær glaseret kalkun, appelsin segmenter, strimlede gulerødder, og pynt med skiver grønne løg.

94.Bomuldslærred Sushi skål

INGREDIENSER:
- 1 kop sushi ris, kogte
- 1 kop stegt and, strimlet
- 1/2 kop agurk, skåret i julien
- 1/4 kop gulerødder, udskåret tændstik
- 1/4 kop radiser, skåret i tynde skiver
- 2 spsk sojasovs
- 1 spsk riseddike
- 1 spsk mirin (sød risvin)
- 1 tsk sesamolie
- Sesamfrø til pynt
- Nori strimler til servering

INSTRUKTIONER:
a) Bland sojasovs, riseddike, mirin og sesamolie i en lille skål for at skabe forbindingen.
b) Fordel de kogte sushiris i en skål.
c) Læg strimlet ristet and oven på risene.
d) Tilsæt julieneret agurk, tændstikskårne gulerødder og tynde skiver radiser.
e) Dryp forbindingen over skålen.
f) Pynt med sesamfrø.
g) Server med nori-strimler på siden til indpakning eller dypning.
h) Nyd de unikke og velsmagende smag af andesushiskålen!

95.Cilantro Lime Kylling og Sort bønneSushi Skål

INGREDIENSER:
- 1 lb kyllingemøre, skåret i strimler
- 1/4 kop koriander, hakket
- 2 spsk limesaft
- 1 spsk olivenolie
- 1 dåse sorte bønner, drænet og skyllet
- 1 rød peberfrugt i tern
- 2 kopper kogte traditionelle Sushi-ris
- Avocadoskiver til pynt

INSTRUKTIONER:
a) Bland hakket koriander, limesaft og olivenolie i en skål for at skabe marinaden.
b) Mariner kyllingemøre i blandingen i mindst 30 minutter.
c) Steg den marinerede kylling i en varm stegepande, indtil den er brunet og gennemstegt.
d) Saml skåle med traditionel sushi-ris som base.
e) Top med korianderlimekylling, sorte bønner, rød peberfrugt i tern, og pynt med avocadoskiver.

96.BBQ Tyrkiet Sushi Skål

INGREDIENSER:
- 1 kop sushi ris, kogte
- 1 kop BBQ kalkun, strimlet
- 1/2 kop majskerner
- 1/4 kop rødkål, skåret i tynde skiver
- 1/4 kop koriander, hakket
- BBQ sovs til dryppende
- Limebåde til servering

INSTRUKTIONER:
a) Fordel de kogte sushiris i en skål.
b) Læg strimlet BBQ kalkun ovenpå.
c) Tilsæt majskerner, snittet rødkål og hakket koriander.
d) Dryp BBQ sovs over skålen.
e) Server med limebåde for en ekstra smagsoplevelse.
f) Nyd den røgfyldte godhed af BBQ kalkun!

97.Sesam ingefær kylling sushi skål

INGREDIENSER:

- 1 kop sushi ris, kogte
- 1 kop sesam ingefær kylling, skåret i skiver
- 1/2 kop snapsærter, blancherede
- 1/4 kop peberfrugt, skåret i tynde skiver
- Strimlede gulerødder
- Sesamfrø til pynt
- Soja-ingefærforbinding til drypning

INSTRUKTIONER:

a) Fordel de kogte sushiris i en skål.
b) Læg hakket sesam ingefær kylling ovenpå.
c) Tilsæt blancherede snapsærter, skåret peberfrugt og strimlede gulerødder.
d) Drys sesamfrø til pynt.
e) Dryp soja-ingefærforbinding over skålen.
f) Server og nyd den dejlige sesam ingefær smag!

98.Laks Avocado Kylling Sushi skål

INGREDIENSER:
- 1 kop sushi ris, kogte
- 1 kop grillet kylling, strimlet
- 1/2 kop røget laks, i flager
- 1 avocado, skåret i skiver
- 1/4 kop agurk, i tern
- Wasabi mayo til at drysse
- Sesamfrø til pynt

INSTRUKTIONER:
a) Fordel de kogte sushiris i en skål.
b) Læg strimlet grillet kylling og røget laks i flager ovenpå.
c) Tilsæt avocado i skiver og agurk i tern.
d) Dryp med wasabi mayo.
e) Pynt med sesamfrø.
f) Server og nyd kombinationen af laks, kylling og avocado smag!

99.Mango Lime Tyrkiet Sushi Skål

INGREDIENSER:

- 1 kop sushi ris, kogte
- 1 kop strimlet kalkun
- 1 mango i tern
- 1/4 kop rødløg, finthakket
- Frisk koriander, hakket
- Limevinaigrette til drypning
- Knust rød peberflager (valgfrit)

INSTRUKTIONER:

a) Fordel de kogte sushiris i en skål.
b) Læg strimlet kalkun ovenpå.
c) Tilsæt mango i tern, hakket rødløg og frisk koriander.
d) Dryp med limevinaigrette.
e) Tilføj et strejf af knuste røde peberflager for et kick (valgfrit).
f) Server og nyd de søde og syrlige smage!

100. Sprødt Tempura Kylling Sushi Skål

INGREDIENSER:

- 1 kop sushi ris, kogte
- 1 kop tempura kylling, skåret i skiver
- 1/2 kop julienerede gulerødder
- 1/4 kop sneærter, skåret i skiver
- Sprødstegte løg til topping
- Ålesovs til overdrypning
- Syltet ingefær til pynt

INSTRUKTIONER:

a) Fordel de kogte sushiris i en skål.
b) Læg tempura kylling i skiver ovenpå.
c) Tilsæt julienerede gulerødder og snittede sneærter.
d) Top med sprøde stegte løg.
e) Dryp med ålesovs.
f) Pynt med syltet ingefær.
g) Server og nyd den tilfredsstillende crunch af tempura kylling!

KONKLUSION

Når vi afslutter vores dejlige rejse gennem " Den Elegante Sushi Skål Håndbog ", håber vi, at du har oplevet glæden ved at forbedre din sushi skål-oplevelse med kreativitet og elegance. Hver skålfuld på disse sider er en fejring af smag, balance og præsentationskunsten - et vidnesbyrd om de dejlige muligheder, som sushiskåle tilbyder.

Uanset om du har nydt enkelheden ved klassiske sushi-skåle, omfavnet opfindsomme kombinationer eller eksperimenteret med dine egne kreative twists, stoler vi på, at disse opskrifter har vakt din entusiasme for at løfte dine sushi-skåleventyr. Ud over ingredienserne og teknikkerne, må konceptet med at skabe elegante sushi-skåle blive en kilde til inspiration, kunstneriske udtryk og en fejring af den glæde, der følger med at skabe personlige kulinariske oplevelser.

Mens du fortsætter med at udforske sushi-skålenes verden, må " Den Elegante Sushi Skål Håndbog " være din betroede følgesvend, som guider dig gennem en række opskrifter, der forbedrer din nydelse og fremviser skønheden i denne kulinariske kunst. Her er til at nyde glæden ved sushi skål, skabe visuelt fantastiske oplevelser og omfavne den elegance, der kommer med hver skålfuld. God appetit!

www.ingramcontent.com/pod-product-compliance
Lightning Source LLC
Chambersburg PA
CBHW071333110526
44591CB00010B/1134